Ferry Fischer

Durchbrechen Sie den Leistungszwang

Gezieltes Energie-, Stress- und Schlafmanagement nach der INPOWERLANCE®-Formel

mvg

Die Deutsche Bibliothek – CIP Einheitsaufnahme

Fischer, Ferry:
Durchbrechen Sie den Leistungszwang : gezieltes Energie-, Stress- und Schlafmanagement nach der Impowerlance-Formel / Ferry Fischer. – Landsberg; München : mvg, 2002
ISBN 3-478-74420-2

Umschlaggestaltung: Atelier Seidel
Satz: kaltnermedia GmbH, 86399 Bobingen
Druck: Himmer, 86167 Augsburg
Bindung: Thomas, 86165 Augsburg
Printed in Germany 74420 / 020201
ISBN 3-478-74420-2

Inhalt

Mein herzlicher Dank gilt Frau Anne Löhr-Gößling für die hervorragende Unterstützung beim Schreiben dieses Buches, der Schlafforscherin Frau Dr. Brigitte Holzinger für die geduldige Beantwortung meiner Fragen zum Thema Schlaf und meiner Frau Astrid Hübner für die Assistenz in meinen Inpowerlance®-Seminaren und ihren laufenden Input zu den Themen dieses Buches.

Anmerkung

Um das Arbeiten mit diesem Buch für Sie möglichst einfach und effizient zu gestalten, haben wir wichtige Elemente mit folgenden Icons gekennzeichnet:

 **= Reflexion**

 **= Tipp**

 **= Experiment**

 **= Auf einen Blick**

 **= Übung**

Vorwort

Die Leistung der Mitarbeiter eines Unternehmens hat ihre Grenzen. Meist sind diese Grenzen jedoch nicht die fachliche Qualifikation, sondern vielmehr eingeschränkte körperliche, mentale und emotionale Fitness. Daher haben wir in der ABB-Organisation Österreich schon vor Jahren beschlossen, unseren Mitarbeitern in diesen Bereichen umfassende Unterstützung anzubieten. Das Echo darauf war enorm. Die Seminare von Ferry Fischer tragen in dieser Richtung einiges dazu bei. Wir bieten Ferry-Fischer-Seminare mehrmals jährlich für alle Mitarbeiter frei zugänglich an. Das Inpowerlance®-Prinzip ist das beliebteste.

Ich freue mich, dass dieses nun auch in Buchform vorliegt. Vor allem gefällt mir das reichhaltige Angebot an Möglichkeiten zur persönlichen Leistungssteigerung, aus denen man selbst auswählen und so sein ganz persönliches Programm zusammenstellen kann. Dass diesem Buch auch noch eine Übungs-CD beiliegt, unterstützt den Transfer in den Alltag beträchtlich.

Zwei Punkte sprechen mich in diesem Buch besonders an: wie sehr Körper, Geist und Seele sich gegenseitig beeinflussen und mit welch einfachen Mitteln man seine Leistungsgrenzen nach oben verschieben und dabei auch noch Spaß haben kann. Ich selbst halte mich durch konsequentes aerobes Laufen und durch die positive Einstellung zu meiner Umgebung und meinen Aufgaben fit. Gern erinnere ich mich daran zurück, wie Ferry Fischer und ich anlässlich eines gemeinsamen Seminars im Januar bei Schneegestöber und noch im Dunkeln während unseres morgendlichen Laufes über die Chancen des Lebens philosophierten.

Das vorliegende Buch ist ein weiterer Meilenstein im Lebenswerk von Ferry Fischer, und ich bin überzeugt, dass noch einige folgen werden.

Dr. Rudolf Petsche
Vorsitzender des Vorstandes der ABB AG Wien

Gebrauchsanleitung für dieses Buch

Haben Sie sich schon immer gewünscht, einmal folgenden Preis im Preisausschreiben zu gewinnen: „Einkaufen, so viel man will, ohne zu bezahlen?“ Nun, mit diesem Buch haben Sie Ihr Los erstanden und zugleich den Hauptpreis gewonnen. Gratuliere!

Vor Ihnen liegt der Supermarkt der Möglichkeiten zur Leistungssteigerung, und Sie dürfen sich so lange bedienen, wie Sie möchten – ohne extra dafür zu bezahlen. Sie müssen nur noch wählen.

Probieren Sie die in diesem Buch präsentierten Übungen aus, damit Sie wissen, was in Ihren Einkaufswagen passt. Sie haben die Auswahl an drei großen Regalen: Input, Power und Balance. Damit Sie wissen, was Sie am dringendsten benötigen, finden Sie zu Beginn dieses Buches den Inpowerlance®-Test. Er zeigt Ihnen, bei welchem Regal Sie besonders zugreifen sollten. In den entsprechenden Kapiteln zu diesen „Regalen“ finden Sie ein reichhaltiges Angebot an Übungen und Werkzeugen aus der Praxis, die Sie ausprobieren, bei Gefallen mitnehmen und in Ihren Lebensalltag integrieren können.

Am Ende des Buches sind baukastenartig Leistungssteigerungsprogramme zusammengestellt, die Ihnen die individuelle Auswahl erleichtern. Eine eigens für dieses Buch aufgenommene CD unterstützt Sie dabei, Entspannung durch das $Alpha_2$Training® zu erlernen, ermöglicht Ihnen den Zehn-Minuten-Energieschlaf zu entdecken und begleitet Sie auf Ihren aeroben Läufen – ganz so, wie es in den guten amerikanischen Supermärkten üblich ist: Service bis vor die Haustür und darüber hinaus, damit es Ihnen leicht fällt, Ihren Leistungszwang zu durchbrechen. Viel Spaß dabei!

Einführung

Sind Sie meistens gut drauf, voller Energie und dabei auch noch ausgeglichen? Fällt Ihnen morgens das Aufstehen leicht und können Sie jederzeit Ihre Aufmerksamkeit und Konzentration innerhalb kürzester Zeit steigern? Oder geht es Ihnen so wie mir vor vielen Jahren, als ich trotz beruflicher Erfolge keine rechte Freude am Alltag fand, weil ich mich den ganzen Tag müde und ausgepowert fühlte? Kennen auch Sie das Gefühl, abends nach Hause zu kommen und froh zu sein, wenn Sie keiner mehr anspricht, weil Sie dringend Ruhe brauchen? Und ärgern Sie sich, dass Sie keine Energie mehr finden, um mit Ihren Kindern zu spielen und mit Ihrem Partner noch ein paar schöne Stunden zu verbringen?

„Höher, schneller, stärker“ lautet die Devise, auf die wir von Kindesbeinen an getrimmt werden. Nur wenn wir schneller und besser als die anderen sind, sind wir erfolgreich. Und doch bringt dieses Prinzip uns nicht mehr weiter. Die westliche Bevölkerung wird immer kränker, was unser Sozialversicherungssystem in Bedrängnis bringt. Es tauchen ständig neue so genannte Zivilisationskrankheiten auf, die Schlaflosigkeit nimmt dramatisch zu, und Ruhepausen kennen wir kaum noch.

Mein Anliegen ist, diesen Leistungszwang mit Ihnen zu durchbrechen. Dies ist nur möglich, wenn wir nicht die Probleme von morgen mit den Methoden von gestern lösen, sondern neue Wege suchen. Dabei liegt uns allerdings ein großer Stein im Weg: unsere Angst vor Veränderung. Die meisten Menschen rackern lieber weiter im bekannten Unglück, als dass sie das Risiko eingehen, einen neuen Weg zu beschreiten, von dem sie nicht wissen, wohin er führt.

Wie veränderungsbereit sind Sie? Voraussetzung für Veränderung ist, dass man neugierig ist. Halten wir uns doch an den Bibelspruch: „Und wenn ihr werdet wie die Kinder, ist euer das Himmelreich.“ Kindliche Neugier kann Veränderungen maßgeblich erleichtern. Und wenn die Angst doch noch größer als die Neugier ist, dann hilft der hawaiianische Spruch: „Die Angst vor dem Unglück ist immer größer als das Unglück selbst.“

Lassen Sie mich zum Leistungszwang ein typisches Beispiel eines mir bekannten Vertriebsleiters eines großen Bauunternehmens erzählen, der ausschließlich für seinen Beruf lebte, sich nie eine Ruhepause gönnte und nach über 30-jähriger Arbeit im 17-Stunden-Tag – na, was wohl? – zusammenbrach. Der Mann war so vollkommen ausgebrannt, dass er zu einem Pflegefall wurde. In der Firma ersetzte man ihn schnell, eine Rückkehr an den Arbeitsplatz wurde unmöglich. Bald stellte sich heraus, dass sein Nachfolger erfolgreicher war als er: Trotz seines ständigen Einsatzes und, obwohl er sich für unersetzbar gehalten hatte, war die Arbeit des „alten" Verkaufsleiters in den letzten Jahren ineffizient geworden, was er zu vertuschen suchte. Die Grenzen des Postulats nach „Mehr, mehr" waren längst erreicht. Mit dem Zusammenbruch zwang sein Körper ihn zur Ruhe.

Mittlerweile hat zwar in großen Firmen ein Umdenken eingesetzt und man weiß, dass das permanente „Durchpowern" ineffizient und gefährlich ist. Aber für viele, die sich nach dem alten Modell bis zum *Burn-out* ausgelaugt haben, kommt diese Erkenntnis zu spät. Besser ist es, von Anfang an und freiwillig neue Wege zu beschreiten.

Ich kenne viele Manager, die ähnlich den Hamstern im Rad laufen und laufen, sich dabei völlig verausgaben und doch nicht vorankommen. Was machen sie falsch? Die Vervielfachung an Informationen führt zu einer zusätzlichen Arbeitsflut, die sie nicht mehr bewältigen können. Der Druck wächst, aus den Unmengen an Informationen zu selektieren. Gestiegener Termindruck ist mit den herkömmlichen Methoden ebenfalls nicht mehr zu bewältigen. Was aber kennzeichnet die „alten Methoden"?

Nun, zu den herkömmlichen Vorstellungen von effektiver Arbeit gehört, dass man den ganzen Tag über fleißig und hoch konzentriert arbeitet – oder vielmehr diesen Eindruck erweckt. Wenn jemand an seinem Schreibtisch sitzt, lässt sich der Grad der Konzentration nicht erkennen. Was traditionell zählt, ist also der *Anschein* der Effizienz. Absolut verpönt ist es hingegen, dass sich jemand einfach zehn Minuten zurücklehnt und *schläft*. Katastrophe!

Dabei müssen wir dringend umdenken und akzeptieren, dass das Leben in Wellen verläuft. Jede Bewegung in unserem Universum ist durch ein ständiges Auf und Ab gekennzeichnet. Aufwärts kann man immer nur von einem tiefen Punkt aus streben, nach vorn immer nur von einem rückwärtigen. Und hat man einen Höhepunkt erreicht, so sammelt man nur in der entspannenden Abwärtsbewegung der Welle neue Kraft für den nächsten Aufschwung. Nur wenn wir dieses Prinzip verinnerlichen und uns die Entspannung vor der Anspannung erlauben, sind wir zu dauerhaften Leistungen fähig. Unter dem Durchbrechen des Leistungszwangs verstehe ich: Weniger ist mehr. Weniger schnell laufen, ruhiger leben, ja sogar eine reduziertere Gehirnaktivität, die durch die langsamer schwingenden Alpha-Wellen gekennzeichnet ist – all dies führt zu höherer Leistung, Konzentration und Kreativität.

Leider aber wird dieser Grundsatz nur in Ausnahmefällen akzeptiert, etwa dann, wenn es darum geht, einen drohenden Kollaps zu vermeiden, oder, wenn dieser schon eingetreten ist, ihn zu behandeln. Pausen-Management, weniger Arbeit, Zeit für die Familie, dreiwöchiger Urlaub – damit werden wir unsere Batterien gründlich aufladen und uns neuen Schwung verpassen. Durchbrechen Sie das Leistungsprinzip mit den Tipps und Tricks aus meinem Coaching, die schon vielen Menschen geholfen haben, auf eine andere als die herkömmliche Weise erfolgreich zu sein: mit Leichtigkeit, mit Entspanntheit und Freude. Das Leistungsprinzip, das ich Ihnen in meinem Buch präsentiere, heißt nicht: „Höher, schneller, stärker", sondern: „Entspannter, bewusster, langsamer und dadurch: schneller, freudiger, lustvoller und erfolgreicher."

Der ein oder andere mag die hier beschriebenen neuen Wege schon aus innerer Erkenntnis heraus eingeschlagen haben. Sie sind vielleicht nicht weltbewegend, aber sehr wirksam, denn sie bauen eben nicht auf dem Leistungszwang auf, sondern orientieren sich in starkem Maße am menschlichen Naturell, an den Bedürfnissen von Körper, Geist und Seele.

Aber seien Sie auf der Hut! Unterschätzen Sie nicht die Macht unserer Programmierung, die uns mit ungeheurer Kraft im Leistungsdenken festhält und den Wunsch nach Veränderung hintertreibt. Dies wurde mir an dem Beispiel eines Freundes deutlich, der es nicht schaffte, langsam zu laufen. Das langsame Laufen ist, wie

Sie sehen werden, ungeheuer wirksam, doch vielen Menschen fällt es schwer, sich selbst zu bremsen. Mein Freund hatte also nach meinen Anweisungen zum aeroben Laufen geplant, im Urlaub am Strand von Phuket – also dort, wo ihn wirklich niemand kennt – damit anzufangen. Was passierte? Anstatt sich während des langsamen Laufens in eine angenehme Alpha-Schwingung zu versetzen, an Ausdauer und Lebensfreude zu gewinnen, kam er immer wieder außer Atem. Warum? Jedes Mal, wenn er von schnelleren Läufern überholt wurde, setzte er reflexartig zum Spurt an. Aufgrund des tief in ihm verwurzelten Wettbewerbsdenkens konnte er eine solche „Schmach" einfach nicht ertragen. Und so erfrischte er sich nicht, stärkte weder seine Ausdauer oder die Konzentration noch seine Ausgeglichenheit, sondern setzte sich einmal mehr unter Druck. Schließlich hat er das Laufen aufgegeben, da ihn seine Langsamkeit zu sehr stresste und er darin den „Erfolg" vermisste.

Wie viele andere Menschen brachte er Erfolg mit Fleiß und tüchtiger, unaufhörlicher Arbeit, eben mit den „Tugenden" des alten Leistungsdenkens in Verbindung. Aber bei genauer Betrachtung wird deutlich: Erfolg entsteht nur im Kopf. Erfolg ist höchst subjektiv. Jeder Mensch sollte Erfolg für sich persönlich definieren. Für den einen mag er Bildung und Wissen sein, für einen anderen körperliche Stärke oder Schönheit. Die meisten Menschen setzen Erfolg mit materiellem Reichtum gleich, obwohl jeder weiß, dass die Gleichung „reich = glücklich" nicht zwangsläufig aufgeht, sondern dass häufig eher sogar das Gegenteil zu beobachten ist.

Für mich steht fest, dass ich dann erfolgreich bin, wenn mein Erfolg nicht eindimensional ist: Er soll sich nicht nur im beruflichen, sondern zusätzlich auch im privaten Leben niederschlagen. Ein nur in einem Bereich errungener Erfolg ist kein echter, er ist ein Erfolg auf Kredit, den man in anderen Bereichen zurückzahlen muss. Erfolg ist vergleichbar mit der Gesundheit: Entweder bin ich gesund, oder ich bin es nicht. Und wenn ich bemerke, dass ich in einem bestimmten Bereich meines Lebens nicht erfolgreich bin, dann sollte ich ihn schleunigst untersuchen (so wie man mit einem Krankheitssymptom sofort zum Arzt geht), dort für Erfolg sorgen und so die Gesamterfolgsbilanz retten.

Erfolg ist das, was erfolgt, und kein Zufall. Ein Zufall ist das, was mir zufällt, wenn ich auf einem Weg gehe. Gehe ich einen anderen Weg, so ereignen sich andere Zufälle. Wenn ich auf solche Zufälle achte, sie annehme als etwas, das das Schicksal mir schenkt, und mit ihnen arbeite, stärke ich meinen Erfolg. Sobald ich aber nicht zufrieden bin mit dem, was ist, brauche ich lediglich eine Kleinigkeit zu verändern. Denn schon mit einer geringfügigen Korrektur verändere ich das gesamte System, so wie ein in einen stillen See geworfenes Steinchen Wellen auf der gesamten Wasseroberfläche nach sich zieht.

Bitte lassen Sie sich nicht wie mein Freund durch alte Programme entmutigen. Ich werde Ihnen zeigen, wie Sie sich selbst effizient zu einer hohen Leistung aktivieren können. Kraftvolles Energie-Management schafft die Voraussetzung für Leistung und Energie. Wir können immer nur erreichen, was Körper und Geist zulassen. Das Inpowerlance®-Prinzip ist eine Methode, mit der Sie ohne großen Aufwand, aber mit nachhaltigem Erfolg Ihre physischen und mentalen Kräfte mobilisieren. Mit seiner Hilfe durchbrechen Sie das alte Leistungsprinzip, und zwar auf spielerische Weise. Wählen Sie aus der Vielzahl an Übungen, Tipps und Tricks diejenigen aus, die Ihnen gefallen. Ich habe für Sie einen Supermarkt der Möglichkeiten bereitgestellt, aus dem Sie nach Belieben auswählen können. Bevor Sie eventuell die ein oder andere von Ihnen ausgesuchte Übung austauschen, testen Sie sie ein bis zwei Wochen lang. Sie sollten die Übungen mit Freude durchführen, aber nicht erwarten, dass sich Ihr Leben bereits am dritten Tag von Grund auf verändert.

Seit dem Erscheinen meines ersten Buches „Im Gleichgewicht zu Spitzenleistungen“ sind mittlerweile zwei Jahre vergangen, in denen ich die Erfahrungen Hunderter Seminarteilnehmer und Leser sammeln und verarbeiten konnte. Auch wenn Ihnen in diesem Buch hin und wieder ein bereits bekannter Gedanke begegnet, seien Sie versichert, dass es sich um Ergänzungen und Erweiterungen handelt und Sie darüber hinaus vor allem Neues und Anregendes kennen lernen werden.

In meinen Seminaren bitte ich die Teilnehmer anfangs, mir ihre Zielvorstellungen zu nennen: Was erwarten sie vom Erlernen des

Inpowerlance®-Prinzips? Warum nehmen sie am Seminar teil? Die häufigsten Antworten lauten:

- Ich möchte wissen, wie ich Stress abbauen kann.
- Ich möchte Stress gar nicht erst aufkommen lassen.
- Ich möchte meine Leistungsfähigkeit steigern.
- Ich bin immer schon viel zu früh müde und möchte wissen, wie ich die vorzeitige Müdigkeit überwinden kann.
- Ich habe so große Schwierigkeiten, von Beruf auf Freizeit umzuschalten. Abends kreisen mir berufliche Dinge durch den Kopf, und ich kann mich nicht auf meine Familie konzentrieren. Am Wochenende weiß ich manchmal gar nicht, was ich tun soll – ohne Arbeit.
- Ich habe Schwierigkeiten, mir meine Zeit vernünftig einzuteilen. Entweder fühle ich mich getrieben von den Anforderungen meines Arbeitsalltags, oder ich kann meine Freizeit nicht befriedigend füllen und langweile mich in ihr.
- Die Richtung meines Lebens stimmt nicht. Ich weiß, dass ich etwas ändern muss, und hoffe hier Hinweise zu finden.
- Ich brauche für die Bewältigung meines Alltags mehr Energie, als mir zur Verfügung steht, und erhoffe Methoden der Energiegewinnung kennen zu lernen.
- Mit meinem Leben bin ich grundsätzlich einverstanden, aber es gibt Punkte, an denen ich noch arbeiten muss, um völlige Zufriedenheit zu finden.

Die Auswertung eines Fragebogens, den ich im Anschluss an meine Seminare ausfüllen lasse, um ein Feedback von den Teilnehmern zu bekommen, bestätigt mir in geradezu überwältigender Weise, dass sie Antworten auf ihre Fragen erhalten haben – befriedigende Antworten, die ihnen helfen, ihrem Leben neuen Schwung zu geben, mehr Energien zu gewinnen, mehr Leistungsvermögen und Lebensqualität.

Meiner jahrelangen praktischen Erfahrung als Coach von Managern und Spitzensportlern verdanke ich die Entwicklung eines ausgefeilten Programms, des Inpowerlance®-Prinzips, das spielerische Durchführbarkeit mit höchster Effizienz verbindet. Die Hinweise, Tipps und Übungen, die ich Ihnen in diesem Buch vorstelle, sind für jedermann leicht durchführbar. Sie erfordern wenig Zeit und Kraft, machen Spaß und führen zu tiefer, genussvoller Entspannung.

Aber ich muss Sie auch warnen bzw. eine grundsätzliche Mahnung vorausschicken: Ob Sie langfristig und gründlich davon profitieren, hängt letztlich von Ihnen ab: von der Konsequenz, mit der Sie einige Verhaltensweisen bzw. Übungen dauerhaft in Ihren Tagesablauf integrieren. Die Gefahr ist groß, dass Sie sich nach anfänglicher Begeisterung gehen lassen und Ihre Bequemlichkeit zu nachlassender Übungsaktivität führt. Tatsächlich formulierte ein Teilnehmer in meinem letzten Seminar folgende Erwartung: „Motivieren Sie mich, dass ich konsequent bleibe!" Die Konsequenz, liebe Leser, kann ich Ihnen leider nicht abnehmen: Ich biete Ihnen hier, wie gesagt, einen Supermarkt an Möglichkeiten, aus dessen reichhaltigem Angebot an Übungen Sie auswählen können. Aber für die konsequente Durchführung sind Sie selbst verantwortlich.

Wenn Sie sich nicht durch die alltäglichen Zwänge von einer konsequenten Befolgung des Inpowerlance®-Prinzips ablenken lassen, werden Sie erfahren, dass das Leben für Sie beruflichen Erfolg bereithält, den Sie mit Freude und geradezu spielerischer Leichtigkeit erringen, und dies keineswegs um den Preis, dass Sie Ihre gesamten Energien auf die Arbeit lenken. Im Gegenteil: Sie werden zugleich genug Zeit für sich selbst, Ihre privaten Interessen, für Freunde und Familie haben. Gerade aus der bewusst gelebten Entspannung wachsen Ihnen ungeahnte kreative Ideen und Kräfte. Ich wünsche Ihnen, dass auch Sie bei der Lektüre dieses Buches das Gefühl haben, die richtigen und wichtigen Antworten auf drängende Fragen zu erhalten und im Inpowerlance®-Prinzip einen befreienden Weg für neue Kraft und Lebensqualität zu finden.

Die Grundlagen des Inpowerlance®-Prinzips

Sie fragen sich wahrscheinlich, was der Begriff „Inpowerlance“ eigentlich bedeutet. Es handelt sich hierbei um eine Wortschöpfung, die das gesamte von mir erarbeitete Programm zur Steigerung und Erhaltung höchster Leistungsfähigkeit beinhaltet. Drei Begriffe sind dabei von zentraler Bedeutung: Input, Power und Balance, und von diesen leitet sich der Name Inpowerlance ab.

Zum Input gehört alles, was wir uns zuführen, unserem Körper wie auch unserem Geist, also die Bereiche Atmen, Essen, Trinken und Informationsaufnahme.

Power erreichen wir durch körperliche Übungen, insbesondere durch das Laufen, durch Yoga, kinesiologische Übungen sowie Konfliktlösungsstrategien und eine entsprechende mentale Einstellung.

Mit Balance ist der Bereich der mentalen und körperlichen Ruhe und des Ausgleichs gemeint, eine Form der Passivität, die zu effizienter Aktivität führt.

Die Wirkungen von Input und Power ergänzen sich, und sie werden durch die Balance verstärkt, vervielfacht oder geschwächt. Die Wertigkeit dieser drei Bereiche lässt sich durch eine mathematische Formel wiedergeben: Die Summe aus Input und Power multipliziert mit Balance führt zu maximaler Leistungsfähigkeit. Sie wissen, dass ein Produkt immer null ergibt, wenn einer der Faktoren gleich null ist. Mit anderen Worten: Fehlt Ihnen Ruhe und Ausgeglichenheit, d.h. ist der Faktor Balance gleich null, dann ist auch der Wert der gesamten Gleichung null und Sie verfügen über keinerlei Leistungsfähigkeit. Die entsprechende Gleichung offenbart die herausragende Bedeutung des Bereichs Balance für unsere Leistungsfähigkeit:

(INput + POWER) x BaLANCE = maximale Leistungsfähigkeit

Was bedeutet diese Formel konkret? Lassen Sie mich dies am Beispiel von Sportlern darstellen: In der Regel achten diese zwar darauf, durch körperliches Training kräftig und stark zu werden, ernähren sich aber häufig schlecht und achten auch wenig auf ihre psychische Ausgeglichenheit. Wenn sie dann im Wettkampf hinter anderen zurückliegen, schreiben sie deren Erfolg Talent und Fähigkeit zu. Irrtum! Alle drei Bereiche – Input, Power und Balance – müssen ausgeglichen und harmonisch sein, beim Sportler ebenso wie beim Manager. Weltklassesportler wissen dies übrigens und haben sowohl die Zusammensetzung und Qualität ihrer Nahrung wie auch ihre Balance genauestens im Blick. Ebenso einseitig sind natürlich auch diejenigen, die sich bewusst vollwertig ernähren, aber ihre körperliche Fitness vernachlässigen und dadurch an Energiemangel leiden.

Das Inpowerlance®-Prinzip, kurz IPL-Prinzip genannt, gibt Ihnen einen Hinweis auf Ihre aktuelle Leistungsfähigkeit. Stellen Sie sich folgende Situation vor: Zwei Menschen laufen nebeneinander. Der eine ist ein aktiver, bestens trainierter Marathonläufer, und der andere ist jemand, der zum ersten Mal in seinem Leben läuft. Beide laufen das gleiche Tempo, beide werden ins Ziel kommen. Aber wer von ihnen wird sich dort erholt fühlen und sich für den restlichen Tag noch etwas Schönes vornehmen, und wer wird todmüde sein, sich kaum noch von der Stelle bewegen können und dringend eine ausgedehnte Erholung brauchen? Nun, diese Fragen beantworten sich wohl von selbst.

Beim Inpowerlance®-Prinzip geht es nicht darum, seine *Leistung* zu steigern, sondern die *Fähigkeit* dazu. Wer niedrige Leistungsgrenzen hat, hat nicht mehr die Wahl, ob er mehr machen kann oder nicht. Es ist daher erforderlich, die Belastungsgrenzen zu verschieben, um mehr Spielraum im Alltag zu haben. Ein Mensch, der nach der Inpowerlance®-Formel lebt und einen entsprechend hohen IPL-Faktor hat, verfügt über Reserven, mit denen er jederzeit das Tempo und die Intensität erhöhen kann, und ist nicht ständig am Limit. Ob er tatsächlich seine Leistung erhöht oder nicht, ist allein seine Entscheidung.

1. Der Inpowerlance®-Test: Ihr persönlicher IPL-Faktor

Gehören Sie zu den Menschen, die bereits nach 500 Metern erschöpft sind? Dann wird es höchste Zeit, einige Ratschläge aus diesem Buch zu beherzigen.

Bevor ich Ihnen die einzelnen Techniken zur Steigerung von Energie und Lebensqualität vorstelle, möchte ich Sie bitten, in einem Test Ihren ganz persönlichen Inpowerlance®-Faktor (IPL-Faktor) zu berechnen. Hier erkennen Sie, in welchem der drei Bereiche – Input, Power und Balance – Ihre jeweiligen Stärken und Schwächen liegen und welchem Bereich Sie in Ihrer Lebensführung besondere Aufmerksamkeit und Achtsamkeit widmen sollten. Zu den nachfolgenden Fragen finden Sie Verweise auf das Kapitel, in dem der jeweilige Aspekt ausführlich behandelt wird. Bei den Testfragen ist die zur Verfügung stehende Punktzahl in Klammern angegeben. Vergeben Sie Punkte von 0 = „trifft nicht zu" bis zur höchsten Punktzahl = „trifft voll zu" und tragen Sie die Punktzahl in das entsprechende Kästchen ein. Sie können auch Bruchzahlen angeben, z. B. 0,8 oder 1,3. Es müssen also nicht immer ganze Zahlen sein, wenn Sie meinen, dass die Wahrheit zwischen ganzen Zahlen liegt. Beantworten Sie die Fragen gefühlsmäßig und spontan. Seien Sie dabei ehrlich zu sich selbst, denn es geht darum, dass Sie sich über den Test selbst ein Feedback geben. Also bitte keine Wunschvorstellung nennen, sondern den momentanen Zustand.

A. INPUT

Zur Atmung:

Qualität Ihrer Atemluft (siehe Seite 110)

1. Ich atme Tag und Nacht frische, sauerstoffhaltige Luft ein.
   ☐ (0 bis 3)
2. Ich atme hauptsächlich durch die Nase ein und aus.
   ☐ (0 bis 1)
3. Ich rauche
   ☐ (–1) 1 bis 5 Zigaretten pro Tag
   ☐ (–3) mehr als 5 Zigaretten pro Tag
   ☐ (0) gar nicht

Quantität Ihrer Atemluft (siehe Seite 112)

4. Ich atme jeden Tag ca. fünf Minuten bewusst tief ein und aus (Lungen-Stretching!).
   ☐ (0 bis 7)

Zur Flüssigkeit:

Qualität des Getränks (siehe Seite 121)

5. Ich trinke vorwiegend Wasser oder andere zucker- und zusatzfreie Flüssigkeiten (frisch gepresste Obst- und Gemüsesäfte).
   ☐ (0 bis 5)
6. Ich trinke täglich mehr als zwei Gläser alkoholische Getränke (zu je 0,5 l Bier oder ein Achtel Wein).
   ☐ (0 bis –3)

Quantität der Getränke (siehe Seite 121)

7. Ich trinke mindestens
   ☐ (3) 1,5 Liter Wasser pro Tag
   ☐ (5) 2 Liter Wasser pro Tag
   ☐ (7) 3 Liter Wasser pro Tag
8. An Kaffee trinke ich täglich mehr als zwei Tassen.
   ☐ (0 bis –1)

Zur Ernährung:

Qualität der Nahrung (siehe Seite 126)

9. Ich höre auf meinen Körper und esse hauptsächlich Nahrung, die er wirklich braucht. Das Verhältnis zwischen Körpernahrung und Seelennahrung liegt bei mir derzeit bei 80 zu 20.
   ☐ (0 bis 4)

Quantität der Nahrung (siehe Seite 128)

10. Ich höre mit dem Essen auf, noch bevor ein Völlegefühl entsteht.
    ☐ (0 bis 4)
11. Mein Body-Mass-Index (BMI) (siehe Seite 220) liegt
    ☐ (3) unter 23
    ☐ (2) zwischen 23 und 25
    ☐ (–2) über 25 bis 30
    ☐ (–3) über 30

Zum Informations-Management:

12. Ich wähle die Informationen aus den Medien (Zeitung, Radio, TV, Bücher) bewusst aus (siehe Seite 139).
    ☐ (0 bis 2)

13. Ich lebe derzeit in einem Umfeld (Kollegen, Freunde, Familie etc.), das mich positiv beeinflusst hinsichtlich meines Selbstwerts und der Chancen, die das Leben bietet (siehe Seite 141).
    ☐ (0 bis 4)

____ SUMME INPUT (maximal erreichbare Punkte: 40)

B. POWER

14. Ich führe täglich ein Energieprogramm durch (z. B. Kinesiologie, Yoga o. Ä., siehe Seite 166).
    ☐ (0 bis 5)
15. Ich betreibe fünfmal pro Woche ein aerobes Ausdauertraining. Die jeweilige Trainingsdauer beträgt mindestens eine halbe Stunde (z. B. Laufen, Walking, Radfahren, siehe Seite 150).
    ❏ (0 bis 10)
16. Wie würden mich Menschen, die mich gut kennen, derzeit charakterisieren? (Siehe Seite 42.)
    ☐ (0) Ich jammere gerne.
    ☐ (0) Ich warte lange ab, was geschieht.
    ☐ (3) Ich packe die Dinge an, die mir passieren, und versuche das Beste daraus zu machen.
    ☐ (5) Ich weiß, was ich will, und lasse mich in meinem Vorhaben kaum von etwas oder jemandem abbringen.
17. Mich interessieren Berichte über außergewöhnliche Leistungen von Menschen (siehe Seite 144).
    ☐ (0 bis 5)
18. Ich bin überzeugt, dass alles im Leben einen ganz bestimmten Sinn hat, und versuche diesen Sinn für mich immer wieder zu entdecken (siehe Seite 184).
    ☐ (0 bis 5)

19. Ich fixiere regelmäßig schriftlich Ziele, die mich begeistern (siehe Seite 188).
    - ☐ (1) max. 1 x/Jahr
    - ☐ (4) max. 1 x/Quartal
    - ☐ (7) max. 1 x/Monat
    - ☐ (10) 1 x/Woche

___ SUMME POWER (maximal erreichbare Punkte: 40)

C. BALANCE

20. Ich praktiziere ein Entspannungstraining fünfmal pro Woche, z.B. $Alpha_2$Training®, Meditation (siehe Seite 174).
    - ☐ (0 bis 5)
21. Ich schlafe rasch ein, schlafe tief und fest und erhole mich dabei vollständig (siehe Seite 87).
    - ☐ (0 bis 2)
22. Ich mache regelmäßige Pausen (Mehrfachnennungen möglich) (siehe Seite 71):
    - ☐ (0 bis 0,5) zehn Minuten lang alle $1^1/_2$ Stunden
    - ☐ (0 bis 0,5) einen Abend pro Woche
    - ☐ (0 bis 0,5) ein Wochenende pro Monat im Grünen
    - ☐ (0 bis 0,5) einmal pro Jahr drei Wochen durchgehend Urlaub
23. Ich spreche Konflikte bzw. negative Gefühle an und löse diese rasch (siehe Seite 58).
    - ☐ (0 bis 2)
24. Ich werde derzeit von meiner Umgebung als fröhlicher Mensch bezeichnet (siehe Seite 141).
    - ☐ (0 bis 1)
25. Aus Ereignissen und Fehlern, die mir passiert sind, ziehe ich die Lernschlüsse. Ich kann dann die Vergangenheit loslassen, sodass sie mich nicht mehr belastet (siehe Seite 62).
    - ☐ (0 bis 2)

26. Die Anteile von Beruf, Familie (Partnerschaft) und Freizeit sind in meinem Leben qualitativ etwa gleich groß (siehe Seite 34).
    ☐ (0 bis 2)
27. Ich analysiere regelmäßig, ob meine Umgebung mir Energie gibt oder nimmt, und arbeite dann daran, dass Geben und Nehmen ausgeglichen sind (siehe Seite 69).
    ☐ (0 bis 2)
28. Ich reduziere meinen ungesunden Stress aktiv regelmäßig (siehe Seite 47).
    ☐ (0 bis 2)

___ SUMME BALANCE (maximal erreichbare Punkte: 20)

Auswertung:

1. Zählen Sie jeweils die Punkte von Input, Power und Balance zusammen.
2. Dividieren Sie jede dieser Summen durch 10 und zählen Sie die daraus entstandenen Punktzahlen von Input und Power zusammen.
3. Diese Zahl multiplizieren Sie mit der Summe von Balance und erhalten so Ihren Inpowerlance®-Faktor.

Summe Input/10 = (I)
Summe Power/10 = (P)
Summe Balance/10 = (B)

(I + P) x B = Ihr persönlicher Inpowerlance®-Faktor

Testauswertung

0 bis 3 Punkte (noch zu verbessern):

Für Sie gibt es noch jede Menge zu tun, um Ihren „Wellness"-Anteil zu steigern. Der Test gibt Ihnen deutliche Hinweise auf Entwicklungsmöglichkeiten. Betrachten Sie diese als Chance. Wenn Sie heute mit der Entwicklung Ihres Inpowerlance®-Faktors beginnen, werden Sie in ungefähr zwei Monaten einen enormen Unterschied spüren. Bedenken Sie auch: Was Sie bis heute erreicht haben, ist Ihnen gelungen, obwohl Sie bisher die Möglichkeiten eines gezielten Selbst-Managements nicht beachtet haben. Wie viel leichter werden Sie Ihre Ziele nach der Ausschöpfung Ihrer Potenziale erreichen können!

3,1 bis 6 Punkte (durchschnittlich):

Ihr Inpowerlance®-Faktor ist im Vergleich zu anderen Europäern durchschnittlich. Sie weisen kein Minus gegenüber Ihren Mitmenschen auf, aber auch kaum ein Plus. Es liegt an Ihnen, einen Vorsprung auszubauen, der Sie über die Menge hinausragen lässt. Mit einer erweiterten Wahrnehmung können Sie mehr erreichen. Dieses Mehr betrifft auch Ihren inneren Reichtum, Ihr Wohlbefinden und Ihre Zufriedenheit. Zielen Sie nun auf das optimale Zusammenspiel eines kraftvollen Körpers und kraftvoller Gedanken.

6,1 bis 9 Punkte (gut):

Ihr Bewusstsein im Bereich persönlicher Wellness ist gut entwickelt. Sie achten auf Ihren Körper, kennen seine Bedürfnisse und stellen ihn zufrieden. Sie sind sich der Macht Ihrer Gedanken bewusst und verstehen es auch, immer wieder die innere und äußere Balance herzustellen. Ihr Leben ist reich an Dynamik, Kreativität, Emotionalität und Spiritualität. Sie gehen bewusst durch das Leben und haben Ihr Selbst-Management gut im Griff.

9,1 bis 16 Punkte (sehr gut):

Gratulation, Sie leben bereits das Inpowerlance®-Prinzip! Ihr Ergebnis verweist auf ein außergewöhnliches Körper-,

Mental- und Energie-Management. Die Erfolge in Ihrem Leben entstehen durch Ihren bewussten Umgang mit Ressourcen, die Entwicklung Ihrer Potenziale und die kontinuierliche Balance in Ihrem Leben. Ihre Mitmenschen staunen, mit welch spielerischer Leichtigkeit Sie Ihre Ziele realisieren. Durch Ihr erfolgreiches, tägliches Selbst-Management stoßen Sie nur sehr selten an Ihre Grenzen und Sie haben immer reichliche Reserven zur Verfügung.

Wenn Sie Ihren Inpowerlance®-Faktor steigern wollen, suchen Sie sich einen Menschen mit einem höheren Faktor. Befragen Sie ihn nach seinen Erfahrungen, und wie er sein Leben und seine Leistungsfähigkeit empfindet. Sie werden sicher die eine oder andere Anregung – über diesen Test hinaus – erhalten. Das Wichtigste aber ist: Beginnen Sie noch heute mit der Entwicklung Ihres Inpowerlance®-Faktors und finden Sie dabei Ihren eigenen Weg.

Sie kennen nun Ihren IPL-Faktor und wissen, ob Ihre Leistungsfähigkeit gering, durchschnittlich, gut oder ausgezeichnet ist. Interessiert es Sie, wie es um Ihre Leistungsfähigkeit im Vergleich zu anderen Menschen bestellt ist? Bei meinen Inpowerlance®-Seminaren ergibt sich in der Regel folgendes Ergebnis: Ungefähr 30 Prozent der Teilnehmer stellen fest, dass ihre Leistungsfähigkeit im Bereich zwischen 0 und 3 Punkten liegt, also gering ist. Die überwiegende Mehrzahl siedelt sich im „Durchschnitts“-Bereich zwischen 3 und 6 Punkten an, nämlich ca. 50 Prozent. Ein gutes Ergebnis, zwischen 6 und 9 Punkten, erreichen ca. 15 Prozent, während in der Regel höchstens 5 Prozent der Teilnehmer mit 9 Punkten aufwärts eine ausgezeichnete Leistungsfähigkeit aufweisen.

Wenn Sie selbst zu denjenigen mit einem niedrigen IPL-Faktor gehören, möchte ich Sie beruhigen: Mit wenig Aufwand, wenn auch mit viel Konsequenz, wird es Ihnen unweigerlich gelingen, in den Bereich ausgezeichneter Leistungsfähigkeit zu gelangen. Am besten füllen Sie den Test, nachdem Sie einige Zeit an sich gearbeitet haben, erneut aus und überprüfen dadurch Ihre Fortschritte.

Teil I: Balance

ZIEL

Aus der bereits erwähnten Formel – (INput + POWER) x BaLANCE = maximale Leistungsfähigkeit – geht die besondere Bedeutung hervor, die der Bereich Balance innerhalb des IPL-Prinzips einnimmt, weswegen ich mit diesem Bereich beginnen möchte. Was ist unter Balance zu verstehen? Lassen Sie mich zur Verdeutlichung ein Bild gebrauchen.

Stellen Sie sich ein Auto mit unwuchtigen Reifen vor. Der Treibstoff und die Motorkraft werden durch die Unwucht dramatisch geschmälert. Schade drum, denn gut ausbalancierte, leicht rollende Räder könnten die Leistungsfähigkeit des Fahrzeugs erheblich steigern. Das Gleiche gilt auch für uns Menschen: Ist der Faktor Balance, also unsere innere Ausgeglichenheit, gleich null, ist auch unsere Leistungsfähigkeit nahezu null. Das passiert immer, wenn ein Mensch in die Richtung eines *Burn-out* marschiert.

Das *Burn-out*-Syndrom erkennt man daran, dass der Mensch ohne ersichtlichen Grund zittrig, schwindelig, unkonzentriert, nervös, gereizt und entscheidungsunfähig wird. Spätestens wenn dieser Punkt eingetreten ist, sollte man zurückschalten und sich wieder fit machen. Ansonsten droht der Kollaps, wie er immer wieder bei Menschen zu beobachten ist, die über einen zu langen Zeitraum zu viel und ohne Erholungspausen gearbeitet haben und von einem Tag zum anderen zu einem Pflegefall werden. Bis zum Zusammenbruch haben sie pausenlos und ohne auszuruhen versucht, so viel wie möglich zu leisten – und sie haben dabei ihre Balance, ihren Ausgleich verloren. Neben dem *Burn-out* ist auch Krankheit ein sicheres Zeichen für eine verloren gegangene Balance: Bei 40 Grad Fieber kann man unmöglich eine Leistung erbringen.

Zur Erhaltung der Balance gehören eine Reihe von Strategien, die unsere körperliche, geistige und seelische Ausgeglichenheit zum Ziel haben. In diesem Kapitel erfahren Sie, wie Sie mit Stress umgehen, wie Sie energievampiristische Attacken abschmettern und wie Sie mit einem speziellen Schlaf-Management und dem $Alpha_2$Training® jederzeit fit und ausgeruht sein können (und dabei mit sehr viel weniger Schlaf auskommen als bisher).

1. Energie durch Entspannung freisetzen

Stellen Sie sich vor, in Ihrem Inneren befindet sich eine Waage mit zwei Waagschalen. Solange beide ausgeglichen sind, fühlen Sie sich wohl und gehen unbeschwert Ihren Weg durchs Leben, immer ein Ziel vor Augen. Schwierig wird es, wenn die Waage plötzlich aus dem Gleichgewicht gerät, sich eine Seite senkt und die andere hebt. Dann konzentrieren Sie Ihre Gehweise nicht mehr auf das Ziel, das Sie bislang im Visier hatten, sondern nur noch darauf, beim Gehen das Gleichgewicht zu halten und nicht zu stürzen. Der Verlust des inneren Gleichgewichts führt dazu, dass Sie fast all Ihre Energien auf die unproduktive Vermeidung eines noch größeren Schadens lenken und nicht mehr auf das produktive Ziel, in Kraft und Wohlgefühl spielerisch Leistung zu erbringen.

Was ist der Sinn der Balance und wodurch kann sie uns Menschen verloren gehen? Betrachten wir das Beispiel eines Krans, wie er beim Hausbau verwendet wird. Jeder Kran hat ein Ausgleichsgewicht, z. B. Betonplatten an der rückwärtigen Seite des Hebebalkens. Dieses Gewicht hält ihn in der Balance und ermöglicht ihm, große Lasten zu heben. Bei einem geringeren Ausgleichsgewicht könnte der Kran zwar noch Lasten heben, allerdings viel geringere, um nicht aus der Balance zu geraten und umzustürzen. Daher müsste er, um die gleiche Leistung wie mit dem großen Ausgleichsgewicht zu erbringen, deutlich öfter heben, was nicht nur viel länger dauerte, sondern auch um einiges aufwändiger – also anstrengender – wäre. Gute Balance bewirkt also hohe und effiziente Leistungsfähigkeit.

Übertragen auf das Gleichgewicht des Menschen bedeutet dies: Der Zug nach vorn muss durch ein entsprechendes Gegengewicht ausgeglichen, Spannung muss durch Entspannung ausgeglichen werden. Um in die innere Balance zu kommen, bedarf es der regelmäßigen Abkehr vom Leistungszwang. Nichts tun – dies aber bewusst – ist dabei die Devise. Am besten eignen sich dazu Entspannungstechniken wie das Alpha$_2$Training®, das autogene Training, die progressive Muskelentspannung, Yoga und jede Art der Meditation.

Spüren Sie dem Prinzip des Ausgleichs in einem kleinen Experiment nach:

Experiment

Ballen Sie eine Hand zur Faust, so fest Sie können. Halten Sie sie fest ... fester ... noch fester. Und nun lassen Sie los. Durch das Entspannen der Muskeln wird gebundene Energie freigesetzt, die dann dem Geist zur Verfügung steht. Wenn Sie jedoch den gesamten Tag über eine Hand zur Faust ballen, werden Sie abends furchtbar erschöpft sein, kraftlos und unfähig zu jeglicher weiteren Leistung.

Permanent spannen wir sinnlos irgendwelche Muskeln an und verspannen uns dabei, sodass auf diese Weise unsere Energien ungenutzt gebunden werden. Liegt z.B. Ihre Zunge gerade jetzt locker im Mund? Nein? Es gibt aber keinen Grund, sie anzuspannen, oder? Ein Entspannungstraining hilft uns, ein neues Gefühl für unsere Muskulatur aufzubauen und solche Verkrampfungen auf Dauer zu lösen.

Erschreckend viele Menschen haben ihr ursprüngliches Körpergefühl verloren. Sie glauben, entspannt zu sein, sind aber tatsächlich verkrampft, wie Biofeedback-Messungen ergeben. Bei dieser Messung werden ausgewählte Körperbereiche an einen Computer angeschlossen und die muskuläre Spannung an den verschiedenen Hautoberflächen gemessen. Zahllose Tests haben ergeben, dass die Probanden den Eindruck haben, entspannt zu sein, während der Computer zeigt, dass sie bis in tiefe Schichten hinein verkrampft sind. In meiner eigenen Praxis habe ich Ähnliches erlebt, vor allem bei Managern, die sogar bei Entspannungsübungen entgegen ihrem subjektiven Eindruck sich nicht wirklich entspannen konnten. Wer aber aufgrund eines verlorenen Körpergefühls meint, entspannt zu sein, in Wirklichkeit aber den ganzen Tag mit – bildlich gesprochen – geballten Fäusten herumläuft und dadurch viel Energie verschwendet, wundert sich natürlich, dass er abends völlig erschöpft ist. Tragisch ist, dass die Betroffenen gar nicht wissen, wie leicht und kraftvoll sie sich eigentlich fühlen würden, wenn sie durch konsequentes Alpha$_2$Training® ihr Entspannungspotenzial aktivierten.

Erst wenn sie die dann befreite Energie positiv kanalisieren können und dabei Freude und Lebenslust empfinden, wird ihnen bewusst, was Energie wirklich bedeutet.

Auf die körperliche Entspannung folgt allmählich die Beruhigung der Gedanken. Kehrt in unseren Verstand Ruhe ein, werden wir auch emotional ausgeglichener. Wenn keine Gedanken mehr in uns kreisen, kann uns auch nichts belasten. Der ideale Zustand, in den wir dann gelangen, kennt keine Sorgen und keine Wünsche. Diese Ruhe gibt uns neue Kraft, mit der wir anschließend unsere weiteren Ziele in Angriff nehmen können.

2. Stress: Hauptfeind der Balance

Sie erinnern sich, was ich eingangs über die Erwartungen vieler Seminarteilnehmer gesagt habe: Sie möchten Methoden kennen lernen, mit deren Hilfe sie Stress abbauen bzw. Stress gar nicht erst aufkommen lassen können. Kaum jemand in unserer Zivilisation ist frei von diesem Phänomen. „Ich bin gestresst!“, „Ich habe keine Zeit!“ Wie oft hören Sie diese und ähnliche Aussprüche oder äußern sie selbst? Der allgegenwärtige Stress beschränkt sich nicht auf die Psyche, sondern greift massiv den Körper an. Zu viel Stress führt zu einer Explosion freier Radikaler im Organismus, die für eine extreme Schwächung des Immunsystems und die Entstehung so vielfältiger Krankheiten wie Bluthochdruck, Herz-Kreislauf-Erkrankungen, Krebs und viele andere verantwortlich sind. Stress abzubauen sollte also schon aus reinem Selbsterhaltungstrieb eines unserer Hauptanliegen sein.

Angesichts unüberwindlich scheinender beruflicher und anderer Belastungen werden Sie vielleicht sagen: „Das geht doch gar nicht. Um mich von meinem Stress und den alltäglichen Zwängen zu befreien, müsste ich mein Leben von Grund auf ändern!“ Lassen Sie mich dazu Folgendes sagen: Es gibt eine Reihe einfacher Sofortmaßnahmen gegen Stress, die in Extremsituationen Erleichterung verschaffen, und es gibt Maßnahmen, deren regelmäßige Durchführung Sie allmählich und grundsätzlich stressresistenter werden lassen. In dem Maße, wie Sie sich einem inneren Gleichgewicht, der Balance, annähern, werden Sie Ihre Lebenssituation aus einer Vogelperspektive betrachten können und tatsächlich Lösungen und Veränderungsmöglichkeiten erkennen, die Ihnen im Stress verborgen bleiben. Haben Sie Vertrauen zu sich selbst und fangen Sie bei der Bekämpfung von Stress mit kleinschrittigen Zielen an.

Die zwei Gesichter des Stresses: Distress und Eustress

Was genau ist Stress, der wesentliche Faktor beim Verlust der Balance? Stress ist immer ein Reiz in unserer Umwelt, der den

Menschen aktiviert. Menschheitsgeschichtlich gesehen stellt Stress einen Schutz dar: Das Raubtier, das sich unseren Vorfahren näherte, war der Auslöser einer solchen Stressreaktion, indem er im Körper blitzschnelle Kampf- oder Fluchtreaktionen auslöste. Die rasante Erhöhung des Adrenalinspiegels im Blut gehört dazu. Indem der Körper entweder mit Kampf- oder mit Fluchtbewegungen reagiert, baut er das Adrenalin wieder ab.

Die ursprünglichen Stressmechanismen sind uns Menschen erhalten geblieben, auch wenn an die Stelle der reellen Gefahren durch Bären und Wölfe subtilere Angriffe getreten sind: der blöde Autofahrer, der uns die Vorfahrt nimmt, der schlecht gelaunte Kollege, der uns mit seinem Verhalten ärgert, der Chef, der unsere Leistung als seine eigene ausgibt ... Da wir in solchen Situationen aber nicht mehr wie unsere Vorfahren mit Zuschlagen oder Wegrennen reagieren, findet kein körperlicher Stressabbau mehr statt und das Zuviel an Stress setzt uns körperlich und seelisch kräftig zu. Diesen eindeutig negativen Stress nennt man auch Distress.

Aber es gibt auch einen positiven Stress, den Eustress. Er wird hervorgerufen durch die lustvollen Herausforderungen, denen wir uns stellen. Dazu gehören etwa die freudige Planung unserer Freizeit, unsere Begeisterung, unsere selbstgesetzten Ziele wie auch Ansporn und Reiz durch berufliche Anforderungen. Ein Mensch, der überhaupt keinen Stress hätte, wäre dem Tod ausgeliefert. Zu wenig Stress, d.h. zu wenig *Challenge*, positive Herausforderung, lässt keine Aktivierung und somit keine Leistungsfähigkeit zu und führt letztlich in die Depression, was zum Beispiel eine häufige Folge von Langzeitarbeitslosigkeit ist.

Im Hinblick auf unsere Leistungsfähigkeit müssen sich Distress und Eustress in einem vernünftigen Gleichgewicht zueinander befinden. Das Bild des Gasgebens beim Autofahren scheint mir gut geeignet, um diesen Zusammenhang zu verdeutlichen: Gibt man zu wenig Gas und fährt dauerhaft untertourig, so verliert der Motor im Laufe der Zeit an Leistungsfähigkeit. Gleiches gilt, wenn man andererseits das Gaspedal ständig durchdrückt und auf Höchsttouren fährt. Auch in diesem Fall sackt die Leistungskurve irgendwann ab.

Optimale Aktivierung bedeutet Eustress und führt zu maximaler Leistung, während Distress die Leistung senkt.

Wenn Sie ständig an die Grenzen Ihrer Leistungsfähigkeit gehen, ohne sich zu erholen, riskieren Sie, bald schon in den Distress-Bereich der Überforderung zu gelangen, nicht mehr volle Leistungen zu erbringen und dabei trotzdem gestresst zu werden. Extrempunkte einer solchen Entwicklung sind das *Burn-out*-Syndrom und der gefürchtete Zusammenbruch, wie er so manchen Manager in Form eines körperlichen Infarkts ereilt.

Glücklicherweise setzt sich zunehmend die Erkenntnis durch, dass man mehr Leistung erreichen kann, wenn man seine Arbeit anders organisiert. Die neue Devise, die sich bei Managern allmählich durchsetzt, lautet: Weniger ist mehr. Das Ziel, das höhere Leistungsfähigkeit verspricht, heißt nun: sich nicht mehr mit größter Anstrengung an den Höchstleistungspunkt anklammern, sondern immer wieder entspannen und neue Kraft tanken.

Andererseits konnte ich selbst schon mehrfach die Erfahrung machen, dass auch ein Zuwenig an Herausforderung schädlich ist. So arbeitete ich in meiner Jugend in den Ferien als Praktikant in einem Büro. Praktikanten werden oft mit schlichten Aufgaben betraut. Entsprechend langweilte ich mich und konnte meinen Feierabend kaum erwarten. Es war für mich kein Genuss, dass ich für wenig Arbeit Geld erhielt, vielmehr war ich trotz des Nichtstuns abends müde und gestresst. Durch die dauerhafte Unterforderung fehlte mir der Eustress, ja mehr noch, ich war ständig in einem Distress-Bereich. Ich lernte daher am eigenen Leib, dass permanente Unterforderung zu einer Leistungsminderung führt.

Wenn ich in meinem Inpowerlance®-Seminar die Teilnehmer bitte zu bewerten, ob sie sich in ihrer aktuellen beruflichen Situation eher unter- oder überfordert fühlen, ist oft die Mehrheit der Meinung, dass sie unterfordert sei. Welch ein schlechtes Zeugnis für die Führungskräfte, die es nicht verstehen, ihre Mitarbeiter optimal einzusetzen und dadurch deren Motivation und Leistungsfähigkeit zu

Auf einen Blick: Positiver und negativer Stress

- Ursprünglich löst Stress eine Schutzreaktion bei Lebensgefahr aus und wurde bei unseren Vorfahren durch Flucht- oder Kampfbewegungen abgebaut. Da gegenüber heutigen Stressauslösern solche Reaktionen unangemessen sind, bleibt der Stress in uns „stecken" und macht uns körperlich und psychisch krank. Dieser negative Stress heißt Distress.
- Es gibt aber auch positiven Stress, so genannten Eustress. Alle aktivierenden, motivierenden, lustvollen Herausforderungen und selbst gesteckten Ziele gehören hierzu wie z. B. besondere Leistungen im Sport oder im Beruf, die wir erbringen wollen.
- Das völlige Fehlen von Stress führt zu Lethargie, Depression und vorzeitigem Tod.
- Unsere Leistung ist dann maximal, wenn wir möglichst viel Eustress und (noch) keinen Distress in uns haben.

maximieren! Ich bin sicher, dass diese Führungskräfte über permanente Überlastung klagen und selbst zu einem Engpass in der eigenen Abteilung werden.

Die meisten der in diesem Buch vorgestellten Übungen helfen Ihnen, Stress zu vermindern oder sogar zu vermeiden. Einige senken den Distress ($Alpha_2$Training®, Chakren-Atmung etc.), andere heben den Eustress (Sinnübung, Ziele-Management etc.), und dann gibt es noch Übungen, die beides bewirken (Laufen, Gruß an die Sonne, Kinesiologie etc.).

Entscheidungsraum: Sie entscheiden über Ihren Stresspegel

Bevor ich Ihnen Techniken zeige, wie Sie mit Stress umgehen können, möchte ich Ihnen einen grundsätzlichen Aspekt vor Augen führen: Sie selbst entscheiden, ob ein Reiz für Sie zum Stress wird oder nicht. Stellen Sie sich beispielsweise vor, ein Autofahrer nimmt Ihnen mit überhöhtem Tempo die Vorfahrt. Nur dank Ihrer blitzschnellen Reaktion verhindern Sie einen Zusammenprall. Noch ehe Sie überhaupt begriffen haben, was da passiert, ist der Rowdy schon wieder verschwunden. Wie reagieren Sie?

Zwar können Sie nicht unbedingt Herzklopfen und Adrenalinausstoß verhindern, mit denen Sie auf kritische Situationen reflexartig reagieren. Aber Sie können sich anschließend für eine Verhaltensweise entscheiden: Entweder Sie ärgern sich über den Aggressor, oder Sie gratulieren sich zu Ihrem ausgezeichneten Reaktionsvermögen, das den Zusammenstoß verhindert hat.

Im letztgenannten Fall rufen Sie aus: „Gott sei Dank ist nichts passiert, weil ich so gut reagiert habe!“ Am Abend erzählen Sie Ihr Erlebnis zu Hause und am nächsten Tag noch im Büro. Sie stellen es unter dem Aspekt dar, dass Sie ein guter, reaktions- und nervenstarker Autofahrer sind, und entwickeln auf diese Weise ein positives Gefühl für das Autofahren und Ihre Fähigkeiten. Ihr Selbstvertrauen steigt, und das Erlebnis ist eindeutig der Kategorie Eustress zuzuordnen.

Im anderen Fall würden Sie sich in eine „Die-Welt-ist-schlecht"-Haltung hineinsteigern. Sie würden mit Empörung über den Beinah-Unfall berichten, über die Gefährlichkeit des Autofahrens generell und darüber, dass man sich eigentlich gar nicht mehr aus dem Haus trauen kann. Auf diese Weise bauen Sie einen negativen Stress auf, Sie verlieren das Vertrauen zu Ihrer Umwelt und zu sich selbst. Die Angst steigt bis hin zur Panik. Wenn Sie den Vorfall unter diesem Blickwinkel mehrmals reproduziert haben, können Sie sicher sein, dass das Autofahren für Sie negativ besetzt ist und Sie sich zunehmend dabei fürchten.

Der Innenbereich des auf der nächsten Seite abgebildeten V stellt den Zeitraum dar, in dem wir entscheiden, ob wir gestresst werden. Wer sich in einem leistungsschwachen Zustand befindet, ist unten in der V-Spitze angesiedelt. Sie ist so eng, dass sie kaum einen zeitlichen Spielraum für Entscheidungen lässt. Dieser umfasst vielleicht nur Hundertstelsekunden, in denen wir auf den erfolgten Reiz reagieren. In so kurzer Zeit können wir nicht bewusst in den Reiz-Reaktions-Prozess eingreifen, vielmehr sind wir unseren Reflexen ausgeliefert: Es reagiert uns.

Je ausgeglichener wir sind und entsprechend höher unsere Leistungsfähigkeit ist, umso weiter oben siedeln wir uns an. Am oberen Ende des V ist der zeitliche Spielraum sehr viel größer, wir haben also etwas Zeit – sagen wir eine Sekunde –, in der wir blitzschnell eine bewusste Entscheidung fällen können. Dieser Prozess läuft folgendermaßen ab: Auf einen Reiz reagieren wir mit der Ausschüttung von Adrenalin. Gerade fangen wir an uns aufzuregen, als plötzlich unser Bewusstsein korrigierend eingreift und wir fähig sind zu dem Gedanken: „Es hat keinen Sinn sich aufzuregen. Ich habe gut reagiert. Diese Situation lässt sich ins Positive wenden." Ausbalancierte Menschen regen sich nicht so schnell auf oder können eine Aufregung im Ansatz gut auffangen. Eine Entscheidung ist immer möglich.

Des Weiteren sollten wir uns in potenziellen Stresssituationen immer vor Augen halten, dass der Stress nicht allein vom äußeren Reiz ausgeht, sondern wir für ihn mitverantwortlich sind. Es liegt

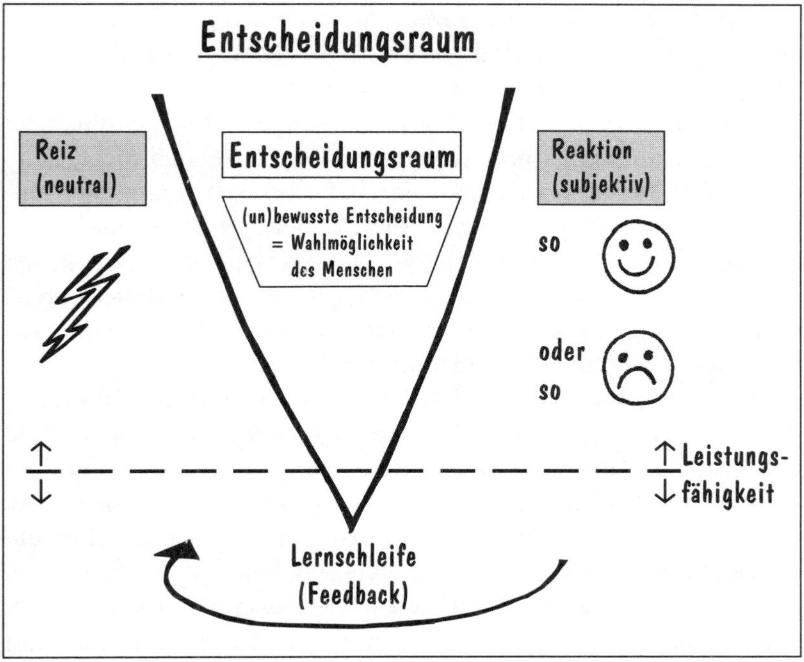

Wir entscheiden in jeder Stresssituation selbst über die Art und das Ausmaß des Stresses.

allein in unserer Entscheidung, ob wir uns ärgern und uns dem negativen Stress aussetzen oder den Reiz positiv bewerten. Wann immer Sie sich also über jemanden aufregen, halten Sie einen Moment inne und denken Sie daran: Ein Mensch, der Sie in Zorn versetzt, ist nicht schuld. Schließlich gibt es immer jemanden, der ihn toll findet. Vielmehr müssen Sie selbst eine Einstellung zu ihm finden. Und bedenken Sie auch: Ihr Ärger schadet ausschließlich Ihnen selbst, nicht dem Aggressor, der davon meist nichts mitbekommt.

Stress beruht auf der Wechselwirkung bestimmter äußerer Reize, auch Stressoren genannt, und unserer Reaktionen auf diese Stressoren. Ein und derselbe Stressor, z. B. Lärm, kann auf verschiedene Menschen unterschiedlich wirken. Sogar ein und dieselbe Person kann in unterschiedlichen Situationen auf denselben Stressor verschieden reagieren. Der Stressor wird subjektiv wahrgenommen und subjektiv bewertet. Und von dieser Bewertung hängt ab, ob eine bestimmte Situation Stress auslöst oder nicht.

Gefällt Ihnen das Geräusch des Staubsaugers, des Haarföns oder wenn die Mülltonnen geleert werden? Wahrscheinlich nicht, denn die meisten Menschen reagieren genervt auf diesen „Lärm". Ich hingegen liebe alle drei Geräusche. In meiner Kindheit bedeuteten sie mir und meinen Brüdern ein Gefühl der Geborgenheit. Kinder lieben die Regelmäßigkeit und dazu gehörte es, wenn unsere Mutter saugte, sich und uns die Haare fönte und wenn die Müllmänner kamen. Bis heute hat sich in mir dieses Gefühl erhalten.

Stressreaktionen können sich sehr unterschiedlich manifestieren: Während der eine psychisch reagiert, indem er sich Tag und Nacht mit düsteren Gedanken quält, mag ein anderer ein auffälliges Verhalten an den Tag legen, beispielsweise den Appetit verlieren und nichts mehr essen oder im Gegenteil ein Frustfresser oder ein Zappelphilipp werden. Und schließlich schlägt Stress sich auch physiologisch, also in körperlichen Beschwerden, nieder. Nicht selten manifestiert sich Stress in einem Menschen auf allen drei Ebenen, sodass dieser zugleich unter Schlaf- wie auch unter Appetitlosigkeit leidet, einen nervösen Tick und darüber hinaus noch ein Magengeschwür entwickelt.

Ein gewisses Maß an Erregung ist jedoch durchaus notwendig, um eine gute Leistung zu erbringen: Der Schauspieler läuft zur Hochform auf, wenn er zuvor ein gewisses Lampenfieber durchlitten hat, und auch das gewisse Kribbeln, das der Sportler vor einem Wettkampf empfindet (sein so genannter „Vorstart-Zustand"), wandelt sich während des Wettkampfs in positive Energie um. Wenn diese Erregung allerdings zu hoch oder zu gering ist, wirkt sie sich negativ auf die Leistung aus, da der Betreffende dann entweder übernervös oder zu lethargisch ist. Die in ihm vorhandene Energie kann im ersten Fall kein Ventil finden, im letzteren Fall ist gar nicht erst genug Energie vorhanden.

Es gibt nun zwei Möglichkeiten, mit Stress umzugehen:

1. *Stressvermeidung*: Durch eine Umbewertung der Stressoren verhindern Sie die Entstehung von Stress, also: nicht über den grässlichen Autofahrer ärgern, sondern Stolz über das eigene Reaktionsvermögen empfinden.
2. *Stressverarbeitung*: Ändern Sie bewusst Ihre Stressreaktionen und lösen Sie dadurch eine positive Kettenreaktion in Ihrem Organismus aus. Gelingt es Ihnen beispielsweise dank eines gezielten Schlaf-Managements (siehe Seite 87) Ihre Schlaflosigkeit zu überwinden, bekommen Sie wieder Appetit und Ihre Nervosität legt sich.

Besonders im Hinblick auf Punkt 1, Stressvermeidung, begegnet mir immer wieder der Einwand: „Wenn ich unter Termindruck stehe, habe ich doch gar nicht die Wahl, ob ich den Termin als positiven oder negativen Reiz wahrnehmen kann." Glauben Sie mir: Selbst wenn es Ihnen zunächst nicht so erscheinen mag: Sie haben auch in einer solchen Situation eine Wahl.

Überprüfen Sie einmal Ihre Einstellung. Was empfinden Sie, wenn Sie an den Termin denken, an dem Sie Ihren Vertragspartner treffen? Wahrscheinlich Unmut, Unwillen, Ihnen ist mulmig. Sie fürchten sich vor dem Termin, da Sie den Auftrag nicht fristgemäß fertig stellen können. Allein Ihr Unmut wirkt sich negativ auf das Treffen und sogar bereits vorher auf Ihre Arbeitshaltung aus. Wenden Sie einfach Ihre Einstellung zu diesem Termin ins Positive und sagen Sie sich: „Ich freue mich auf diesen Partner. Wir werden gemeinsam eine Lösung finden." Oder breiten Sie das Problem vor Ihrem Chef aus: Zeigen Sie ihm die Aufgabe, die vor Ihnen liegt, und weisen Sie darauf hin, dass Sie diese Aufgabe in zehn Tagen erledigen können, aber nur acht Tage zur Verfügung haben. Delegieren Sie das Problem an Ihren Vorgesetzten und fragen Sie ihn, welche Aufgaben Sie zurückstellen sollen oder wer Sie bei der Arbeit unterstützen kann.

Denken und verhalten Sie sich wie ein Gestalter Ihres Tagesablaufes und Ihres Lebens und hören Sie augenblicklich auf, sich wie ein Opfer zu fühlen und zu benehmen. Sobald Sie diesen Weg einschlagen, nimmt Ihr Stresspegel ab und Sie sind auf dem richtigen Weg in Richtung Balance.

Wenn es Ihnen gelingt, Stress als eine Art sportliche Herausforderung zu betrachten, lassen Sie ihn nicht zu sehr an sich heran. Und wenn eine Aufgabe sich tatsächlich nicht bewältigen lässt, haben Sie immer noch die Möglichkeit, nein zu sagen: besser ein mutiges Nein, das Klarheit schafft, als ein feiges Ja, das von vornherein nicht eingehalten werden kann!

Auf einen Blick: Umgang mit Stress

- Stress beruht auf der Wechselwirkung äußerer Reize, so genannter Stressoren, und Ihrer Reaktionen auf diese Stressoren. Wenn Sie entscheiden, sich über einen Stressor nicht zu ärgern, sondern die Situation positiv oder neutral einzuschätzen, stellt die Situation keinen Stress mehr für Sie dar.
- Wenden Sie die Techniken des Inpowerlance®-Prinzips zur Reduzierung von Distress und zum Heben des Eustresses an.
- Betrachten Sie Stress als eine sportliche Herausforderung. Mit dem Bewusstsein, dass es immer eine Lösung gibt und Sie diese jederzeit finden können, reduzieren Sie Stress so weit, dass er Sie nicht mehr angreifen kann.

Techniken zum Stressabbau

Beantworten Sie, bevor Sie sich mit den von mir vorgeschlagenen Stressabbautechniken beschäftigen, zunächst ein paar Fragen, wenn möglich schriftlich.

Mein Umgang mit Stress
(bitte schriftlich beantworten!)

Wie gehe ich mit Distress um?
Wie gehe ich mit Eustress um?
Wie bringe ich mich in die Mitte?

1. Stress äußern

Eine wichtige Stressabbaumöglichkeit besteht darin zu reden. Suchen Sie sich jemanden, mit dem Sie darüber sprechen können, dass es Ihnen schlecht geht. Allein die Äußerung – „Ich bin furchtbar gestresst“ oder: „Ich habe Angst“ – führt bereits dazu, dass es Ihnen besser geht und Sie einen ersten Schritt zur Auflösung des Stresses getan haben. Schlucken Sie so elementare Gefühle wie Angst, Sorgen, Kummer – eben alles, was Sie bedrückt und Ihnen Stress verursacht – nicht hinunter, sondern äußern Sie sie. Indem Sie den Stress nach außen bringen, haben Sie sich davon schon ein wenig befreit, so weit jedenfalls, dass diese negativen Gefühle nicht mehr in Ihrem Körper sind und dort langfristig Krankheiten herbeiführen können. Stress zu äußern ist eine echte mentale Technik.

2. Schreien

Eine elementare, sehr wirkungsvolle Möglichkeit, angehäuften Stress abzubauen, ist das Schreien. Der Schrei, wie er bei bestimmten Kampfsportarten rituell ausgestoßen wird, hat eine starke Ventilfunktion. Es braucht normalerweise einige Überwindung, einen Schrei auszustoßen. Ziehen Sie sich dazu in einen Raum zurück, in dem Sie ungestört sind. Wenn Sie gleichzeitig mit dem Schrei noch einen Gegenstand, z.B. einen kleinen Sandsack, einen Ball, zerknülltes Papier o. Ä., auf den Boden werfen, können Sie sich von einem Großteil an aktuellem Stress befreien.

Eine wunderbare Möglichkeit ist das Schreien im Auto. Niemand hört einen dort, und man kann ungehemmt seinen Stress abbauen. Meine Frau und ich schreien gern auch gemeinsam im Auto, wenn wir das Gefühl haben, dass dies hilfreich ist.

3. Lachen

Ergänzen Sie diese Stressabbautechniken mit einer weiteren, ebenso einfachen wie wirkungsvollen Technik, dem Lachen. „Lachen ist gesund“ heißt eine alte Volksweisheit und tatsächlich ist mittlerweile wissenschaftlich erwiesen, dass Lachen eine enorm stärkende Wirkung auf das Immunsystem hat. Seit einigen Jahren werden aus diesem Grund in den USA und mittlerweile auch in Europa Clowns auf Kinderkrebsstationen beschäftigt – mit erstaunlichem Erfolg. Lachen Sie also so viel wie möglich, nicht nur zur Stärkung des körpereigenen Immunsystems und zur Vermeidung von Krankheiten, sondern auch, um sich in eine höhere Energieschwingung zu bringen.

Es mag Ihnen zunächst merkwürdig vorkommen, grundlos laut zu lachen. Tun Sie es einfach trotzdem. Stellen Sie sich eine witzige Szene oder einen Witz vor, den Sie normalerweise amüsant finden, und lachen Sie laut dazu. Wenn Ihnen gar nichts einfällt, lachen Sie eben künstlich: ha ha ha. Am ehesten können Sie anfängliche Hemmungen überwinden, wenn Sie ungestört sind, wie auch beim bereits genannten Schreien im Auto. Sie werden die Erfahrung machen, dass das Lachen leicht fällt und sogar Spaß macht. Auf jeden Fall werden Sie merken, dass der Stress schon bald weg ist.

Ein Trainerkollege kam einmal nach einem anstrengenden Tag zu mir. Er hatte sich überarbeitet und war völlig fertig. Über Biofeedback testeten wir seinen Stress, der sich an der Schweißabsonderung der Handfläche ziemlich genau ablesen lässt. Die Messung des hautgalvanischen Widerstands ergab tatsächlich einen stark erhöhten Stresspegel. Mein Freund beschloss, sich mit Lachen zu entspannen. Er begann also herzhaft zu lachen und, da Lachen ansteckend ist, lachte ich bald mit. Nach fünf Minuten war der Stress vollkommen aufgelöst, wie auch die Biofeedback-Messung belegte – und er blieb nachhaltig weg. Woran hatte mein Freund gedacht, als er loslachte? Auf meine Frage antwortete er: Er habe an nichts Besonderes gedacht, sondern ganz mechanisch gelacht. Lachen kann jeder. Nach ungefähr einer halben Minute habe sich der Lachreflex dann eingeschaltet und er habe nicht mehr aufhören können.

Wunderbar ist das Lachen in der Gruppe, wie Sie sicher auch schon erfahren haben. Wenn einer anfängt, steckt er unweigerlich die anderen an. Gemeinsames Lachen macht Spaß und wirkt ungeheuer stressabbauend.

Einer meiner Klienten hat sich die Lachmethode zur Regel gemacht. Nach anstrengenden Arbeitstagen lacht er auf dem Heimweg laut im Auto und ist zu Hause entspannt und fröhlich, was die gesamte Familienatmosphäre positiv beeinflusst. Denn die positiven

Schwingungen, die von einer Aura ausgehen, teilen sich den anderen Menschen mit.

Übrigens ist das Lachen in Betrieben ein wichtiger Faktor. Fehlt es in einer Abteilung, gibt es dort vermutlich keinen Spaß, viel Stress und zu wenig Entspannung mit der Folge, dass die Fluktuation dort oft hoch ist. Abteilungsleiter sollten sich überlegen, wie sie eine heitere Grundgestimmtheit bei ihren Mitarbeitern bewirken können.

Mir ist ein Unternehmen bekannt, das seine Führungskräfte dazu anhält darauf zu achten, ob in ihren Abteilungen gelacht wird. Lachen ist das sicherste Anzeichen von Zufriedenheit und Leistungsfähigkeit. Wenn man lacht, ist man entspannt, also auf der Leistungskurve ganz oben. Im Führungsleitsatz des Unternehmens steht weiterhin: Wenn in einer Abteilung längere Zeit nicht gelacht wurde, dann sollte die Führungskraft sofort mit den Mitarbeitern reden und herausfinden, was diese verstimmt. Nachdem dieser Leitsatz eine Zeitlang befolgt worden war, sank die Fluktuationsrate tatsächlich fast auf null: ein Beweis dafür, dass die dort arbeitenden Menschen zufrieden und entspannt waren und ihre Leistungsfähigkeit stieg.

4. Nein sagen

Wenn Sie in einer extremen Drucksituation sind und Ihnen noch weitere Aufgaben aufgebürdet werden, kann sich Ihr Stress so sehr verstärken, dass Sie in permanenten Distress geraten – es sei denn, Sie sagen einfach nein. Im Coaching wird das Thema „Neinsagen" sehr oft behandelt, da die meisten Menschen Harmonisierer sind und von anderen akzeptiert und geliebt werden wollen. Oft erreichen sie mit ihrem Verhalten nur das Gegenteil. Wenn sie nicht nein sagen und alle Aufgaben annehmen, geraten sie schon bald in einen Engpass. Die wachsende Arbeit führt zu mehr Stress und mindert die Leistungsfähigkeit. Dies wiederum führt zu dem Gegenteil dessen, was sie sich wünschen, nämlich akzeptiert zu werden und beliebt zu sein.

In der Regel beobachte ich in meinen Coachings, dass Menschen, die gezielt an sich arbeiten und das Neinsagen üben, nach einigen Wochen mit veränderter Ausstrahlung und neuem Selbstbewusstsein auftreten. Sie haben durch das Neinsagen die Erfahrung gemacht, dass sie zu ihrem Nein, d. h. zu sich selbst, stehen und damit auch ihre Arbeit besser im Griff haben.

Ganz besonders möchte ich eine Teilnehmerin aus einem meiner Ausbildungskurse erwähnen. Sie erkannte im Verlauf einer Selbstreflexion ihre Unfähigkeit zum Neinsagen und nahm sich vor, konsequent nein zu sagen, wann immer sie spürte, dass es für sie richtig sei. Sie ging dabei sehr gründlich vor, definierte genau die Situationen, in denen sie nein sagen und wie sie dabei vorgehen wollte. Als sie nach sechs Wochen zum nächsten Seminartermin erschien, strahlte sie vor Freude über ihren Erfolg und berichtete: „Ich habe mir früher nicht vorstellen können, wie gut es wirkt, wenn man nein sagt. Im Großen und Ganzen haben die Menschen mein neues Verhalten akzeptiert, ja, ich fühle mich von einigen sogar mehr respektiert."

Deutlich hatte die Frau mehr Selbstvertrauen gewonnen. Sie hatte mehr Zeit für sich, da sie sich nicht mehr von jedem einspannen ließ, konnte Dinge ruhiger in Angriff nehmen und fühlte sich entspannt, gelöst und leistungsfähig, wie schon lange nicht mehr. Auch wenn sie hin und wieder einen Rückfall hat, so geht sie weiterhin bewusst und zielstrebig mit ihrem Vorhaben um, dann nein zu sagen, wenn sie nein meint, und nicht mehr aus einem falsch verstandenen Bedürfnis nach Harmonie ein falsches Ja zu äußern. So konnte sie wichtige Bereiche in ihrem Leben neu ordnen.

Nein zu sagen fällt vielen Menschen schwer. Aber auf Dauer führt die Unfähigkeit, anderen etwas abzuschlagen, zu einer Selbstverleugnung, die wir nicht nur mit Stress, sondern auch dem Verlust unseres Selbstwertgefühls bezahlen. Nein sagen kann man lernen. Falls Sie damit Schwierigkeiten haben, üben Sie es. Fangen Sie mit Situationen an, in denen Ihnen eine Ablehnung leicht fällt. Wenn Sie beispielsweise auf der Straße in einem ungünstigen Moment von Leuten angesprochen werden, die eine Umfrage machen und Sie um Ihre Meinung bitten, lehnen Sie ab – nicht wie üblich mit der Ausrede, Sie hätten keine Zeit, sondern sagen Sie deutlich, dass Sie das nicht wünschen, dass Sie keine Lust haben. Lächeln Sie dabei und seien Sie freundlich.

Eine gute Methode, nein zu sagen und gleichzeitig konstruktiv zu sein, besteht darin, einen Arbeitsauftrag abzulehnen, aber gleichzeitig nach einer Lösung zu suchen, wie dieser Auftrag dennoch erledigt werden kann. Bieten Sie einem Kollegen Ihre Hilfe an nach dem Motto: „Nein, ich kann diesen Auftrag zwar nicht übernehmen, aber lassen Sie uns gemeinsam überlegen, wie Sie dieses Problem lösen können." Auf diese Weise haben Sie die Absage dadurch abgemildert, dass Sie den anderen mit dem Problem nicht allein lassen, und er wird das Nein akzeptieren.

Nein sagen

Schreiben Sie auf, in welchen Situationen Sie mit Ihrer Unfähigkeit konfrontiert sind, jemandem etwas abzuschlagen, obwohl Sie dies eigentlich wollen. Überdenken Sie die letzten beiden Wochen und schildern Sie eine solche Situation ausführlich.

- An welchem Punkt geben Sie nach?
- Wie reagiert Ihr Gegenüber?
- Wie würde er/sie reagieren, wenn Sie nein sagten? Malen Sie sich diese Situation in allen Einzelheiten aus.
- Notieren Sie, wann Sie diese Situation in die Realität umsetzen werden.
- Zum Schluss nehmen Sie sich vor, in welchen unverfänglicheren Situationen Sie jemanden mit Ihrem Nein konfrontieren werden. Üben Sie systematisch und steigern Sie die Herausforderung allmählich.

5. Visualisierungen und Affirmationen: Gegenbotschaften zum Distress

Visualisierungen haben eine ungeheure Power. Denken Sie nur an die suggestive Kraft von Bildern: Die Vorstellung einer köstlichen Speise kann uns das Wasser im Munde zusammenlaufen lassen oder die von erotischen Szenen zu sexueller Erregung führen. Mit Visualisierungstechniken kann man Krankheiten erfolgreich bekämpfen und Verhaltensweisen sowie das Selbstbild langfristig verändern (siehe auch „Ziel und Zielerreichung", Seite 186).

Visualisierung des inneren Kraftorts

- Legen oder setzen Sie sich in einer ungestörten Umgebung entspannt hin. Schließen Sie die Augen, atmen Sie tief und ruhig.
- Folgen Sie in Gedanken der Atemluft, die in Ihren Körper strömt, dabei alle Spannungen umspült und diese beim Ausatmen mit sich hinauszieht.
- Stellen Sie sich an einem Ort vor, an dem Sie sich äußerst entspannt und wohl fühlen – ein Ort, der Sie mit Kraft und Freude erfüllt. Sie sehen sich nun an diesem Ort. Verweilen Sie hier, solange Sie möchten. Sie spüren das wohlige entspannte Gefühl, das Sie durchströmt. Nichts kann Sie stören, nichts kann Sie aufregen. Sie sind ganz ruhig und voller Frieden.
- Wiederholen Sie diese Visualisierung mehrmals täglich, damit sich das Bild und das damit verbundene Ruhegefühl in Ihnen verankern.

Übung zum sofortigen Stressabbau

Nehmen Sie sich für diese Übung zehn Minuten Zeit.

- Spüren Sie in sich hinein. Wo in Ihrem Körper nehmen Sie den Stress intuitiv wahr?
- Welche Farbe hat der Stress dort? Geben Sie ihm evtl. spontan eine Farbe.
- Lassen Sie den Stress nun aus allen Körperteilen, in denen er sich befindet, über Ihre Beine durch die Fußsohlen in die Erde abfließen.
- Fühlen Sie die Leere dort, wo zuvor der Stress war, und füllen Sie diese Leere symbolisch mit etwas Angenehmem auf, z. B. mit Blumen oder was immer Ihnen Wohlbehagen bereitet.

Auch Affirmationen – bestimmte Sätze, die Sie ständig für sich wiederholen – enthalten eine starke suggestive Kraft. Sie sollten immer positiv formuliert sein, also nicht: „Ich bin nicht nervös", sondern: „Ich bin ruhig." Sagen Sie sich solche Sätze, die Ihnen gut tun, so oft wie möglich vor. Wenn Sie allein sind, sprechen Sie die Affirmation laut, in anderen Situationen hilft auch der Gedanke.

Hilfreiche Affirmationen in Stresssituationen sind:

- Ich bin und bleibe in jeder Situation ruhig und gelassen.
- Auch im Chaos bewahre ich Ruhe und Übersicht.
- Ich lasse los und fühle mich wohl dabei.
- Trotz Stress bewahre ich den Überblick.
- Schritt für Schritt schaffe ich eine neue Ordnung.
- Hektik außen verstärkt meine Ruhe im Innern.
- In der Ruhe liegt die Kraft.
- Wenn ich es eilig habe, gehe ich langsam.
- Ich sammle die Energie meiner Umgebung für meine Konzentration.
- Ich darf mir die Zeit nehmen, die ich brauche.
- Ich darf meinen Rhythmus und meine Form berücksichtigen.
- Ich bin o.k., auch wenn ich einmal nicht der/die Erste bin.
- Ich darf auch einmal nein zu zusätzlichen Aufgaben sagen, um meinen Terminkalender zu entlasten.
- Ich bin o.k., auch wenn ich nein sage.

Schreiben Sie die Ihnen sympathischen Affirmationen auf Zettel auf und platzieren Sie sie an Orten, wo Sie häufig hinsehen: auf dem Schreibtisch, am Rand des Bildschirmes etc. Sie können einen Affirmationssatz auch als Begrüßungstext in Ihr Handy programmieren. Auf jeden Fall sollten Sie ihn so oft wie möglich am Tag sehen, damit er sich in Ihrem Unterbewusstsein verankert und damit zu wirken beginnt.

Auf einen Blick: Maßnahmen gegen Stress

- Äußern Sie Ihren Stress, d.h. bringen Sie ihn nach außen, indem Sie über ihn sprechen.
- Eine starke „Äußerung" ist der Schrei, der auch bei Kampfsportarten eine Ventilfunktion für Stress erfüllt.
- Lachen Sie sich den Stress aus dem Leib – und befreien Sie sich zugleich von Düsternis und Krankheit.
- Visualisieren Sie sich als völlig entspannten Menschen.
- Unterstützen Sie sich mit der suggestiven Kraft von Affirmationen.

Wie stellen Sie fest, ob und wie stark Sie gestresst sind?

Experiment

Geben Sie jetzt gleich oder bei nächster Gelegenheit verschiedenen Menschen die Hand und achten Sie auf ihre Innenfläche: Fühlt sie sich kalt oder warm, schwitzig oder trocken an? Ein Hinweis auf Stress ist deutliche Schweißabsonderung sowie eine kalte Hand, in der die Blutgefäße zusammengezogen sind. Vergleichen Sie die unterschiedlichen Hände und fragen Sie die Personen auch, wie sie sich fühlen. Stimmen deren Schilderungen mit dem Zustand der Hand überein?

Die Schweißabsonderung Ihrer Handflächen ist ein deutliches Signal für Stress, das Sie als einfache Biofeedback-Methode nutzen können. Lügendetektoren funktionieren übrigens über die Messung der Schweißabsonderung: Jemand, der etwas zu verheimlichen hat, ist gestresst und sondert deshalb mehr Schweiß ab.

Haben Sie in bestimmten Situationen schwitzige Hände, so versuchen Sie sich systematisch durch Ihre Lieblings-Stressabbautechnik zu entspannen. Achten Sie bei Begrüßungen darauf, wie schwitzig die Hand Ihres Gegenübers ist, und sorgen Sie für ein ruhiges, angenehmes Gesprächsklima, wenn Sie Stress bei Ihrem Gesprächspartner feststellen. Übrigens gilt dies natürlich nur im Normalfall, nicht jedoch für krankheitsbedingte Schweißabsonderungen, die es gelegentlich auch gibt.

Im Kosmos gibt es keinen Stress

Ich möchte noch einmal auf die Abbildung von Seite 39 zurückkommen. Die maximale Leistung erreichen wir bei optimaler Aktivierung, die in der Mitte zwischen zu wenig und zu viel Stress stattfindet. Dauerhaftes angestrengtes Hochleistungsverhalten senkt unser Leistungsvermögen, sodass Stress für uns nur noch negativ ist. Das ist allgemein bekannt. Und doch werde ich immer wieder gefragt, was falsch daran sei, dauerhaft Höchstleistungen anzustreben. Am einfachsten lässt sich die Frage mit einem simplen Beispiel beantworten: Nehmen Sie einen Ball zur Hand, fixieren Sie einen Punkt in einer entlegenen Zimmerecke und versuchen Sie nun, den Ball genau dorthin zu werfen. Wenn Sie Ihren Bewegungsablauf im Detail beobachten, werden Sie feststellen, dass Sie nach hinten ausholen, also zunächst mit dem Arm eine Rückwärtsbewegung vollziehen, bevor Ihr Arm nach vorn schnellt. Und das, obwohl Sie den Ball nur nach vorne bewegen wollen. Um also weit und leicht nach vorne zu kommen, müssen Sie nach hinten (in die andere Richtung) ausholen.

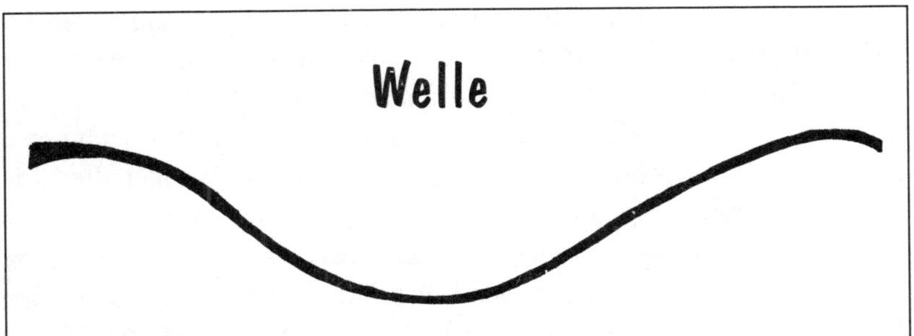

Alles Sein ist Welle.

Dieser Bewegungsablauf, so unspektakulär er wirkt, symbolisiert unser Leben. Wir denken, wir müssen immer nur in die eine Richtung, nämlich vorwärts, gehen, und nie in die andere, rückwärts gewandte. Aber alles Sein ist aus Schwingungen aufgebaut: Der gesamte Kosmos besteht aus solchen Sinus-Wellenbewegungen, das Universum, unser Leben, ja wir selbst sind wie Atome, die zueinander in einer bestimmten Schwingung stehen. Es gibt Lichtwellen und Schallwellen, Tag und Nacht, Wärme und Kälte, Polaritäten aller Art. Mal geht es sanft nach oben, dann wieder nach unten. Und doch wollen wir immer nur nach vorn und nach oben, anstatt uns von der Wellenbewegung unseres Lebens mittragen zu lassen.

Welch schwerwiegender Irrtum! Wenn wir von einer Welle nach oben getragen werden und krampfhaft versuchen, am höchsten Punkt zu bleiben, anstatt der Welle zu folgen, wird uns der Boden entzogen. Was aber geschieht, wenn wir den Boden unter unseren Füßen verlieren? Nun, wir stürzen, verletzen uns und werden krank. Übertragen auf ein Leben im Stress heißt das: Wenn wir uns nicht zurücknehmen in unserem gehetzten Streben, wenn wir pausenlos immer weiter voran und immer weiter nach oben jagen, so verordnet unser Körper uns in Form einer Krankheit eine Zwangsruhe.

Diese Erkenntnis ist ein Allgemeingut, das sich in zahlreichen Volksweisheiten niederschlägt. Wer seinen Ärger immer hinunterschluckt, bekommt irgendwann ein Magengeschwür. „Der Ärger ist ihm auf den Magen geschlagen“ heißt es dann. Wer ständig Wutanfälle bekommt, also ein Choleriker ist, leidet irgendwann unter Galle- und Leberproblemen: „Ihm kommt die Galle hoch.“ Partnerschaftsprobleme „gehen einem an die Nieren“. Abgrenzungsschwierigkeiten gegenüber anderen lassen einen „aus der Haut fahren“.

Die beschriebene Wellenbewegung bedeutet, dass wir uns natürlicherweise auf der Welle mal nach oben, dann wieder nach unten befinden. Wenn wir erkennen und akzeptieren, dass das Innehalten und die Abwärtsbewegung untrennbar zum Voran- und Aufwärtsstreben dazugehören, dass Stagnation und Regression zwangsläufige Voraussetzungen für Leistung sind, werden wir unseren persönlichen Rhythmus der großen kosmischen Wellenbewegung anpassen und ein in jeder Hinsicht glückliches, erfülltes Leben führen.

Schließen Sie nun das Kapitel zum Stress mit folgender Übung ab:

Mein zukünftiger Umgang mit Stress

Beantworten Sie sich (möglichst schriftlich) folgende Fragen:

- Wie möchte ich in Zukunft mit zu viel Stress (Distress) umgehen?
- Wie möchte ich in Zukunft mit zu wenig Stress (Eustress) umgehen?
- Wie werde ich mich in die Mitte bringen?

Wenn Sie es geschafft haben, in Ihre Mitte zu kommen und sich dort einzurichten, dann sollten Sie allerdings auch darauf achten, dass die sich ansammelnde Energie nicht wieder von Energievampiren abgesaugt wird.

3. Energievampir Nr. 1: Unausgetragene Konflikte

In einer Firma, in der ich einmal als Coach tätig war, stieß ich auf das Problem eines Mannes, dessen Leistung auf scheinbar unerklärliche Weise nachgelassen hatte. Folgendes kam zu Tage: Er hatte sich in dem Betrieb, in dem er arbeitete, mit dem besten Freund überworfen, den er dort hatte. Dass er in dieser angespannten Situation dem ehemaligen Freund nicht aus dem Weg gehen konnte, sondern in bestimmten Projekten mit ihm zusammenarbeiten musste, belastete den Mann zusätzlich. Eine meiner Kolleginnen am Coaching-Institut wurde engagiert, um diesen Streit zu schlichten. Es fand eine so genannte Mediation zwischen den beiden statt. Zuerst flogen die Fetzen, alle beide ließen ihren Gefühlen freien Lauf. Meine Kollegin achtete in dieser Situation darauf, dass jeder seine Sicht der Dinge schildern konnte, ohne dass der andere ihn unterbrach. Dabei konnten einige Missverständnisse geklärt werden, und die beiden Freunde näherten sich einander wieder an. Nach dieser erfolgreichen Mediation erhöhte sich die Leistungsfähigkeit des Mannes, der zuvor den Leistungseinbruch erlebt hatte. Seine Kollegen erlebten ihn fortan wieder als fröhlich und ausgeglichen. Aus der wiederbelebten intensiven Beziehung zu seinem Freund schöpfte er erneut viel Kraft.

Dieses Beispiel zeigt, dass Konflikte oft aus einem Unverständnis, aus der Fehlinterpretation des Verhaltens eines anderen entstehen, die zu einer negativen Wertung und Vorverurteilung führen, ohne dass man mit dem anderen gesprochen hat. Solche Konflikte kosten unheimlich viel Kraft und zehren einen Großteil der Energie auf, die einem für sinnvolle Projekte dann fehlen.

Unter Energievampiren verstehe ich Situationen, aber auch Menschen, die uns Energie rauben und aus der Balance bringen. Unausgetragene Konflikte sind, wie das Beispiel zeigt, bedeutende „Energiefresser“. Sie belasten unsere Gedanken und Gefühle und binden dadurch Energie, die wir doch für produktive und kreative Prozesse benötigen. Schon kleine Konflikte wirken sich verheerend auf unsere Leistungsfähigkeit aus. Vielleicht haben Sie die

Erfahrung gemacht, dass Sie einmal aufgrund von Liebeskummer – einem sehr emotionalen Konflikt – kaum noch leistungsfähig waren.

„Ich habe mit niemandem Probleme“, sagt oft ein verbitterter Mensch, der zwar keine offensichtlichen, aber viele kleine Konflikte in seinem Leben hat und darunter leidet, ohne es zu wissen. Seine Lebensstrategie besteht darin, diese Konflikte zur Seite zu schieben und sie nicht wahrzunehmen als das, was sie sind: eine unglaubliche Belastung, und dies ganz besonders, wenn sie sich im Laufe der Zeit summieren. Schon über einen kleinen Problemberg, der unter den Teppich gekehrt ist, stolpert man nur allzu schnell. Er macht das Leben schwer.

Dabei gibt es eine ganz einfache Lösung: Man muss den Konflikt ansprechen. Tatsächlich bedeutet das Austragen des Konflikts, das wir so gern vermeiden, sein Ende – und nicht den Konflikt selbst. Dieser besteht ja bereits, sonst gäbe es nichts auszutragen. Wird ein Konflikt jedoch aus Angst vor der erwarteten Aggression nicht beendet, so beginnt er zu gären und sucht sich ein Ventil. In diesem Fall bricht die aufgestaute Aggression an einem unvermuteten Punkt aus und richtet weiteren Schaden an.

Was passiert hingegen, wenn ein Konflikt bereinigt wurde? Sie haben diese Situation sicher schon erlebt. Alle zuvor am Konflikt Beteiligten laufen zur Höchstform auf. Es kostet üblicherweise zwar enorm viel Überwindung, auf einen Konfliktpartner zuzugehen, aber es zahlt sich aus, denn die Konfliktlösung setzt immer enorme Kräfte frei.

Reflexion

Beantworten Sie schriftlich folgende Fragen:

- Welchen Konflikt möchten Sie austragen?
- Wie wird es Ihnen ergehen, wenn Sie mit dem Betroffenen wieder im Reinen sind.
- Welchen ersten Schritt wollen Sie wann und wie setzen? Am besten setzen Sie ihn heute noch. Vielleicht rufen Sie den Konfliktpartner einfach an und erzählen ihm von Ihrem Bedürfnis, sich wieder vertragen zu wollen.

Konflikte entstehen aus Missverständnissen, die nicht bereinigt werden. Die einzige Möglichkeit, die falsch verstandenen Motive eines anderen so zu sehen, wie sie gemeint sind, ist die Kommunikation. Aus diesem Grund gibt es den Berufsstand der Mediatoren, deren Aufgabe ausschließlich darin besteht, die gestörte Kommunikation wieder in Gang zu setzen. Konflikte werden in der Mediation durch das Befolgen zweier hauptsächlicher Spielregeln gelöst, nämlich den anderen ausreden zu lassen und Verständnis füreinander herzustellen.

Konfliktlösungsstrategien

1. Schritt: Stellen Sie sich vor, wie es sein wird, wenn Ihr Konflikt bereinigt ist. Wie wird es Ihnen ergehen? Wie dem Konfliktpartner? Malen Sie sich den positiven Zustand in allen Details aus.

2. Schritt: Wenden Sie sich an Ihren Konfliktpartner und sprechen Sie Ihr Problem an. Sagen Sie, dass Sie den Konflikt lösen möchten. Nehmen Sie sich Zeit.

3. Schritt: Lassen Sie den anderen ausreden, hören Sie genau zu und versuchen Sie ihn zu verstehen. Versetzen Sie sich in ihn hinein. Die wenigsten Menschen handeln mit böser Absicht, sondern wollen aus ihrer Sicht heraus richtig agieren. Sobald Sie diese Perspektive einnehmen, erkennen Sie die meist guten Beweggründe für das Handeln des anderen, das Sie zuvor verletzt hat.

Können wir Konflikte vermeiden? Dies ist möglich, sofern wir anderen grundsätzlich gute Absicht unterstellen oder jedes Mal, wenn diese uns unklar ist, unverzüglich nachfragen. Noch bevor ein potenzielles Problem sich in uns verdichtet, sollten wir es ansprechen. Immer wieder fasziniert mich die Erfahrung, wie leicht Konflikte sich im Anfangsstadium auflösen lassen, und ich empfehle Ihnen, sich diese Erfahrung nach einem automatischen Reiz-

Reaktions-Schema zu Eigen zu machen. Sobald Sie merken, dass Sie einen anderen nicht verstehen und seine Verhaltensweise ablehnen, äußern Sie dies: „Tut mir Leid, aber ich kann nicht nachvollziehen, warum du das jetzt getan hast. Ich bin damit nicht einverstanden. Erklär mir die Gründe für dein Verhalten." In den meisten Fällen lösen sich die Konflikte dann auf, vorausgesetzt, Sie hören zu und sind bereit, Ihre Vorurteile aufgrund der neuen Informationen zu überdenken und zu korrigieren.

Etwas Geduld brauchen Sie allerdings schon. Selbst wenn Sie Erfolg damit haben, Konflikte im Anfangsstadium anzusprechen und dadurch nicht groß werden zu lassen, wird es vorkommen, dass Sie diesem Konflikt mehrmals begegnen. Beispielsweise mag Ihr Konfliktpartner durchaus eingesehen haben, dass er sein Verhalten ändern muss, und doch wird er wieder einmal in das alte Verhalten „hineinrutschen". Dann sollten Sie nicht verärgert reagieren, sondern ihn sachlich auf dieses Muster hinweisen und daran erinnern, dass etwas anderes zwischen Ihnen beiden vereinbart war. Ein solcher „Rückfall" ist völlig natürlich. Menschen können sich nicht mit einem Fingerschnipsen verändern. Wenn man mit Geduld und Nachsicht in solchen Situationen reagiert, lassen sich heftige Emotionen vermeiden und der Lernprozess geht voran.

4. Energievampir Nr. 2: Die Dominanz der Vergangenheit

Die Vergangenheit ist vergangen und vorbei. Und doch wirken sich frühere Erfahrungen, besonders aus der Kindheit, bis heute auf unser Leben aus. Auch wenn diese Auswirkungen für manchen wie eine quälende, nicht abzuwerfende Last scheinen mögen, so haben wir doch einen entscheidenden Einfluss darauf, wie stark vergangene Erfahrungen uns prägen. Glauben Sie mir: Sie selbst bestimmen die Wertigkeit Ihrer Vergangenheitserfahrungen. Sie können sich tagelang über eigene oder fremde Fehler ärgern, für alle Rückschläge Ihr Schicksal verantwortlich machen und so weiter. Wie auch im Falle eines Konflikts wird durch solche Reaktionen Energie unnötig gebunden. Ihre Leistungsfähigkeit sinkt.

Sie können sich andererseits aber auch dafür entscheiden, aus vergangenen Fehlern zu lernen. In dem Fall gelingt es Ihnen, die Vergangenheit loszulassen und nur die Lernschritte mitzunehmen. Die unüberlegte Bemerkung eines Kollegen, der Streich der Kinder oder ein von Ihnen selbst begangener Fehler hat dann keine besondere Bedeutung mehr für Sie. Sie richten Ihre Aufmerksamkeit auf Gegenwart und Zukunft und lösen die gebundenen Energien ebenso wie beim Entspannen der Muskeln.

Wenn ein Golfer ein schlechtes Loch spielt, d.h. viele Schläge braucht, besteht sein Problem weniger darin, dass er „schlecht" spielt, als vielmehr darin, dass er an die vorangegangenen „verpatzten" Schläge denkt, also von negativer Energie erfüllt ist. Von negativen Schwingungen sollte man sich so schnell wie möglich frei machen. Anstatt sich von der Vergangenheit beeindrucken zu lassen, sollte man sich ausschließlich auf die Gegenwart und Zukunft konzentrieren: Der nächste Schlag ist der wichtigste.

Auch aus dem Berufs- und Privatleben sind uns solche negativen Fixierungen auf die Vergangenheit vertraut. Wie oft denken wir an Fehler, die wir gemacht haben! Diese Fehlergedanken begleiten uns, auch wenn uns dies häufig gar nicht bewusst ist. Sie bestimmen unsere Handlungen mit und führen dazu, dass wir die alten Fehler wiederholen. Der Prozess der *self-fulfilling prophecy* läuft nach genau diesem Muster ab (siehe Seite 142).

Wenn uns jemand in der Vergangenheit verletzt hat und wir keine Gelegenheit hatten, den Konflikt zu bereinigen, dann bewerten wir den anderen aus unserer Sicht, und dies sicherlich nicht positiv. Gleichwohl sollten wir uns bewusst machen, dass es einen Unterschied zwischen dem Vorfall an sich und unserer Verurteilung des Handelnden gibt. Der Vorfall ist, wie er ist: ein *vergangenes Faktum*. Andererseits existiert in uns davon eine *gegenwärtige Erinnerung*. Der Vorfall an sich ist weder gut noch schlecht, dies wird er erst durch unsere Bewertung. Vielleicht hatte der Handelnde gute Gründe oder einen guten Vorsatz für seine frühere Handlung. „Gut" oder „schlecht" als Attribute dieser Handlung gehen lediglich auf unsere subjektive Bewertung zurück.

Wir haben die Möglichkeit, die Handlung neu zu bewerten. Die Umbewertung einer vergangenen Situation kann etwas Befreiendes haben, zumal wenn derjenige, der uns damals verletzt hat, nicht mehr zur Rechenschaft gezogen werden kann. Hierzu gibt es eine wunderbare Übung, die ich Ihnen vorstellen möchte:

Abrechnung mit Vergangenem

Machen Sie der Person, die Sie in der Vergangenheit verletzt hat, einen Prozess. Dabei gehen Sie folgendermaßen vor:

- Zuerst klagen Sie sie an. Konfrontieren Sie sie mit Ihrem Vorwurf.
- Nun übernehmen Sie die Rolle des Verteidigers und bringen alle möglichen Gründe für die Handlung des Angeklagten vor. Am besten sammeln Sie diese schriftlich.

Nachdem Sie nun beide Seiten vertreten haben, sehen Sie die Situation objektiver und sind leichter in der Lage zu verzeihen. Falls Sie die Verteidigung überzeugend fanden, steht es Ihnen frei, die Vergangenheit neu zu bewerten. Vielleicht sehen Sie einen Weg, der angeklagten Person zu verzeihen. Tun Sie dies in dem Bewusstsein, dass die echte Vergebung eine im positiven Sinne zutiefst menschliche Fähigkeit ist.

Dieser Prozess ist Ihre eigene subjektive Angelegenheit. Sie hat mit der Realität der angeklagten Person nichts zu tun. Diese weiß nichts davon. Möglicherweise lebt sie nicht mehr und eine zwischenmenschliche Klärung ist nicht mehr möglich. In dem beschriebenen Prozess geht es ausschließlich darum, dass Sie sich von der Vergangenheit befreien. So wie das Austragen eines Konflikts eine stark leistungsbeschleunigende Wirkung hat, so kann das Verzeihen alte, selbst auferlegte Fesseln lösen und befreiend wirken. Sie können auf diese Weise eine weitere Faust lösen und frei gewordene Energie für Ihre Leistung einsetzen.

Übung zum Verzeihen

Nehmen Sie sich für die Beantwortung der folgenden Fragen ausreichend Zeit. Schreiben Sie die Antworten ausführlich auf:

- Welchem Menschen möchten Sie weswegen verzeihen?
- Welchen Streit mit einem anderen Menschen möchten Sie begraben?

Gehen Sie davon aus, dass dieser Mensch ebenso wie Sie gute Gründe für sein Verhalten hatte und Ihnen nichts Böses antun wollte. Lösen Sie Ihre negative Bewertung auf und ziehen Sie einen Schlussstrich. Entdecken Sie an der Begebenheit, die Sie bislang belastete, ihre gute Seite. Während Sie immer nur die eine, negative Seite betrachtet haben, muss es nach dem Gesetz der Polarität ja auch eine zweite, positive Seite geben: vielleicht die der Lernerfahrung, der Prüfung und der Reifung.

Das Verzeihen sollte immer in Form eines Rituals geschehen. Konzentrieren Sie sich auf die Person, der Sie verzeihen wollen, und sagen Sie ihr: „Ich verzeihe dir, ich vergebe dir." Lassen Sie sich einige Minuten dabei Zeit, damit Sie das Verzeihen deutlich spüren.

Wie war die Erfahrung des Loslassens? Ist Ihnen bewusst geworden, dass nur Ihre Bewertung des Vorfalls belastend war, nicht aber das Ereignis selbst? Machen Sie es sich zur Gewohnheit, Ereignisse aus unterschiedlichen Perspektiven zu betrachten. Lernen Sie deren verschiedene Facetten kennen, anstatt vorschnell einen einzigen Aspekt für das Gesamte zu nehmen. Eine solche Einstellung wird Ihnen in Zukunft viele wertvolle Dienste leisten.

In meinen Selbsterfahrungs-Seminaren habe ich häufig erlebt, dass Teilnehmer sich bei den Übungen zur Konfliktlösung und Vergangenheitsbewältigung unter Tränen vom Ballast der Vergangenheit befreien konnten, manchmal sogar von frühesten Kindheitserfahrungen, die sie ein Leben lang mit sich herumgetragen hatten. Viele liefen spontan zum Telefon, um ihr Problem mit der realen Person zu besprechen und endgültig zu lösen. Entsprechend gelöst und erleichtert waren diese Menschen dann im weiteren Verlauf des Seminars.

Vergleichbar ist diese seelische Befreiung mit einer körperlichen, die Sie alle gut kennen: Wenn Sie eine verdorbene Speise zu sich genommen haben, rebelliert Ihr Körper so lange, bis Sie sich übergeben und von dem Gift befreit haben. Wie elend aber geht es Ihnen, wenn Sie gegen das Erbrechen ankämpfen. Dann quälen Sie sich über Stunden, und Ihr armer Körper muss auf ungleich anstrengendere und schädlichere Weise das Gift ausscheiden. Fürchten Sie sich also nicht vor der Auseinandersetzung, sondern vertrauen Sie darauf, dass Sie sich danach unendlich befreit fühlen werden.

5. Love it, change it or leave it

Jeder Mensch hat die Freiheit zu entscheiden und in den Verlauf seines Lebens einzugreifen und zwar in der Reihenfolge: „Love it, change it or leave it" – zu deutsch etwa: „Nimm es an, verändere es oder lass es sein."

Love it: Bei diesem Schritt geht es darum, in einer bestimmten Situation Aspekte zu erkennen, die sie sinnvoll erscheinen lassen. Im Zusammenhang mit den Energievampiren habe ich darüber ausführlich gesprochen. Ziel ist nicht, *andere Dinge* oder *Menschen* zu verändern, sondern *unsere Einstellung* zu ihnen. Eine Situation können wir ablehnen, annehmen oder sogar lieben, es kommt nur auf unseren Blickwinkel an.

Wenn Sie jemanden nicht mögen und für dumm oder schlecht halten, haben Sie die Möglichkeit wahrzunehmen, welche anderen Menschen ihn mögen. Nehmen Sie deren Sichtweise ein oder lernen Sie ihn in einem anderen Zusammenhang kennen. Vielleicht können Sie ihn mit einer anderen Einstellung doch annehmen, vielleicht auch lernen, mit den Eigenschaften umzugehen, die Ihnen nicht gefallen, und sich so selbst ein Stück weiterzuentwickeln. Die Seiten, die uns an anderen Menschen stören, sind manchmal Spiegelbilder unserer eigenen Charakterzüge, und wenn wir uns mit dem anderen versöhnen, versöhnen wir uns auch mit dem ungeliebten Teil in uns.

Change it: Viele unzufriedene Menschen verharren in der Lebenssituation, die sie unglücklich macht, und jammern einfach nur. Dadurch verlieren sie Energie und zapfen ihrerseits den Menschen in ihrer Umgebung Energie ab. Das passive Versinken in einer Situation, mit der man nicht zufrieden ist, und die ständige Jammerei darüber führen zum Verlust der Balance. Anstatt über eine missliche Situation zu jammern, können wir gestalterisch eingreifen (siehe auch Kapitel „Do it", Seite 203). Handeln bedeutet verändern. Sie erinnern sich: Allein das Ansprechen eines Konflikts löst im Konfliktpartner eine Reaktion aus, wodurch sich die gesamte Situation verändert. Die Veränderung, das „Change it", sollte zur Folge haben, dass Sie die neue Situation annehmen können. Überprüfen Sie also anschließend, ob die Forderung „Love it“ ebenfalls erfüllt ist.

Leave it: Diesen Weg sollten Sie erst einschlagen, wenn Sie die anderen beiden Schritte ernsthaft getestet und verworfen haben. Haben Sie verschiedene Möglichkeiten des „Change it“ ausprobiert und festgestellt, dass Sie eine Situation auch nach mehrmaliger Veränderung und Anpassung nicht akzeptieren können, sollten Sie den Weg des „Leave it“ gehen, nämlich die ungute Situation dann völlig verlassen.

Aus meiner Coaching-Erfahrung weiß ich, dass dieser Schritt besonders schwer ist, bedeutet er doch meist eine starke Zäsur im Lebensweg. Ehepartnern, denen es trotz ernst gemeinter Versuche nicht gelingt, miteinander zurechtzukommen, fällt der konsequente Schritt, d.h. die Trennung, oft sehr schwer. Wie viele unglückliche Ehen gibt es, in denen das „Leave it“ gescheitert ist. Wer es nicht schafft, abgestorbene Zweige des eigenen Lebenswegs aufzugeben und diese zu kappen, schwächt sich sehr. Er verliert seine Balance und seine Leistungsfähigkeit und entwickelt eine negative zynische Einstellung. Menschen, die sich gegenseitig das Leben zur Hölle machen, waren zu ängstlich, um das dringend nötige „Leave it“ zu realisieren. „Leave it“ bedeutet auch: Platz schaffen für Neues. Gehen Sie davon aus, dass das Leben immer wieder neue positive Aspekte und große Chancen zu bieten hat, und Sie werden sich vor Veränderungen nicht mehr fürchten.

Nicht nur privat, sondern auch beruflich sollte man vor letzten Konsequenzen nicht zurückschrecken. Ein mir bekannter Manager einer großen Firma äußerte einmal, ihm sei wichtig, dass die „innere Kündigung“ seiner Mitarbeiter und die tatsächlich ausgesprochene Kündigung möglichst nahe beisammen liegen. Wer an seinem Arbeitsplatz resigniert, „innerlich gekündigt“ hat, der macht Dienst nach Vorschrift, erledigt seine Arbeit mechanisch, gleichgültig und ohne Engagement – ein Schaden nicht nur für das Unternehmen, sondern auch für den Betroffenen, der wertvolle Lebenszeit verliert: Fünf Tage in der Woche verliert er Energie, die er dann an zwei Tagen notdürftig wieder zu tanken versucht. Diese Art zu arbeiten hat nichts mit Berufung zu tun. Jeder Beruf aber sollte doch

Berufung sein, damit er zum Lebensglück beiträgt, erfüllend und bestätigend ist.

Während meiner Berufstätigkeit war ich einige Jahre lang Personalberater und konnte die Wirkungen von solchen Konsequenzen erleben. Eine Firma zu verlassen ist kein Zeichen von Versagen oder Unglück. Es hat nicht unbedingt mit dem Unternehmen und auch nicht mit einem selbst zu tun, sondern mit der Kombination von beidem. Manche Betriebe verändern sich im Laufe der Zeit in einer Weise, die nicht jeder mittragen möchte, und manchmal verändert sich auch der Einzelne. In einer solchen Situation sich eine passendere Stelle zu suchen ist konsequent und richtig. Oft konnte ich beobachten, dass Menschen, die sich in ihrer alten Firma unwohl fühlten, in einem neuen Beruf aufblühten und leistungsmäßig „durchstarteten". Umso erschreckender finde ich, dass Menschen sich an ihrem alten Beruf festhalten, obwohl sie darin unglücklich sind. Sie kommen mir vor wie jemand, der in einen reißenden Fluss gefallen ist und sich ebenso verzweifelt wie aussichtslos an einem Ast festhält. Das bringt ihn nicht weiter und kostet nur unnötige Kraft. Besser wäre es, sich von der Strömung forttragen zu lassen, bis man an eine Stelle gerät, an der man leicht das rettende Ufer erreicht.

Halten Sie unbedingt immer die Reihenfolge des „Love it, change it, or leave it" ein. Überprüfen Sie also zuerst, ob die Veränderung Ihrer Sichtweise reicht, um Sie zufriedener zu machen. Erst wenn Sie keine für Sie akzeptable Perspektive finden, greifen Sie aktiv in eine Situation ein und führen eine Veränderung herbei. Bietet auch eine Veränderung keine grundsätzliche Lösung eines Problems, so bleibt Ihnen am Schluss immer noch, das gesamte System zu verlassen: den Arbeitsplatz, den Partner usw. und sich dem Neuen und Unbekannten anzuvertrauen und die neue Chance darin zu finden.

Zu diesem Bereich möchte ich Ihnen eine effektive Coaching-Übung vorstellen. Sie hilft uns, unsere Position in einem Netz aus Kraftfeldern zu analysieren und durch die Visualisierung von Beziehungen die rechte Gehirnhälfte zu aktivieren, sodass wir unsere Situation anschließend klarer erkennen und verändern können.

Die Kraftfeldanalyse

1. Schritt: Zeichnen Sie einen kleinen Kreis auf die Mitte ein Blatts Papier und nennen Sie ihn „Ich".

2. Schritt: Tragen Sie um diesen Kreis herum in weitere Kreise alle für Sie wichtigen Personen und Situationen ein, die Sie betrachten möchten, die für Sie momentan wichtig sind (egal ob positiv oder negativ): z. B. den Partner/die Partnerin, Kind Nr. 1, Kind Nr. 2, Kollege X, Kollegin Y, Kunde A, Kunde B, Ihren Arbeitsplatz, Ihre Wohnung, Ihr Auto, die Akquisition, der Monatsabschluss ... Gehen Sie so detailliert wie möglich vor und verzichten Sie auf Sammelbegriffe wie „meine Kinder", wenn Sie zu diesen unterschiedliche Beziehungen haben, oder „meine Hobbys", wenn diese für Sie unterschiedlich wichtig sind. Notieren Sie stattdessen „Schwimmen", „Ski fahren" etc.

3. Schritt: Verbinden Sie jetzt diese Punkte mit dem „Ich"-Kreis in der Mitte und ergänzen Sie die Kreise mit den Wertungen +, 0 oder –. „+" bedeutet: Dieser Mensch/diese Situation gibt Ihnen Energie; „0" bedeutet: ist energetisch neutral, und „–" bedeutet, dass diese Beziehung Ihnen Energie raubt. Diese Wertungen sind auf die Gegenwart bezogen. Wichtig ist, dass Sie intuitiv und ohne nachzudenken vorgehen. Niemand wird Ihre Aufzeichnungen lesen, Sie können ganz ehrlich sein.

4. Schritt: Nun suchen Sie sich ein bis maximal drei solcher Negativ- oder Neutral-Beziehungen heraus, die Sie näher betrachten und verändern möchten. Markieren Sie diese Verbindungen farblich.

5. Schritt: Überlegen Sie, ob Sie diese Beziehung(en) mit Hilfe des „Love it, change it, oder leave it" positiv

verändern können, sodass Sie das „–" durch ein „+" oder wenigstens eine „0" ersetzen können. Notieren Sie Ihre Überlegungen schriftlich: Gibt es neue Aspekte, unter denen Sie die Beziehung betrachten können? Welche Veränderungen können Ihre Beziehung verbessern? Und falls Sie sich keine neuen Aspekte oder positiven Änderungen vorstellen können: Wie können Sie ein „Leave it" einleiten? Welche positiven und negativen Konsequenzen würde eine grundsätzliche Veränderung mit sich bringen?

Die Kraftfeldanalyse können Sie auch auf spezielle Gebiete anwenden, z.B. den Arbeitsplatz, die Finanzen, die Freizeit, die Familie. In diesem Fall würde man an die Stelle des „Ich"-Kreises in der Mitte einen entsprechenden anderen Begriff einsetzen.

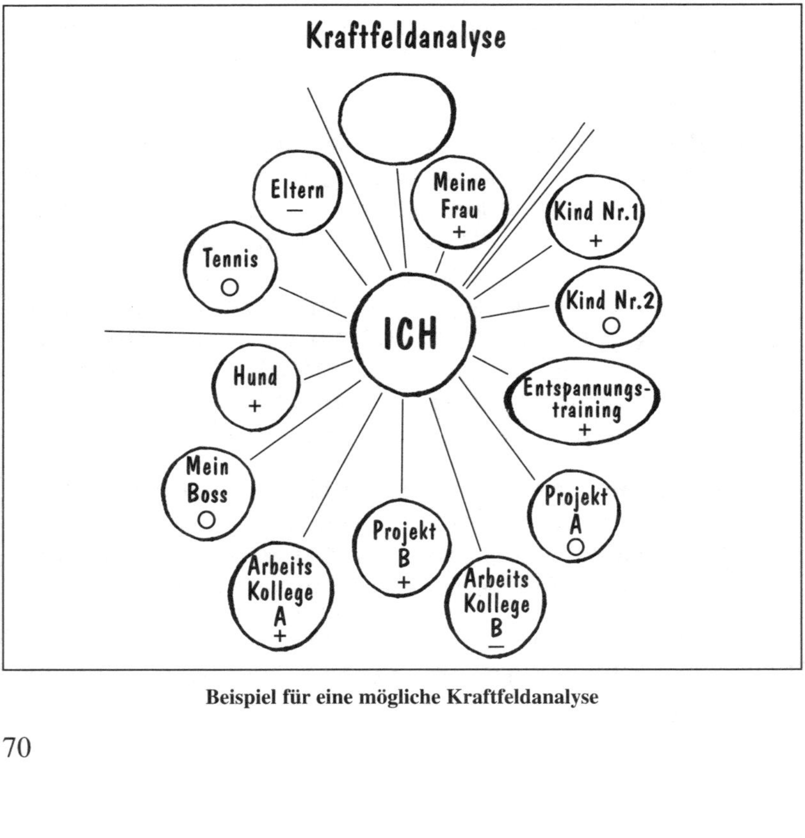

Beispiel für eine mögliche Kraftfeldanalyse

6. Pausen-Management

Nach 90 Minuten reduziert sich die Aufnahmefähigkeit drastisch. Die Leistungskurve fällt deutlich ab, sodass man spätestens alle 90 Minuten eine Pause einlegen sollte. Interessanterweise wird ein solcher Rhythmus selten respektiert: Aus einem falsch verstandenen Ehrgeiz heraus und vielleicht auch, weil es unheimlich *business-like* wirkt, dehnen sich Sitzungen über mehrere Stunden aus. Solche Sitzungsmarathons, bei denen gelegentlich sogar noch das Mittagessen eingenommen wird, sind alles andere als effizient. Die Teilnehmer werden müde, sind nicht mehr bei der Sache, geraten in einen Distress und sind natürlich nicht mehr leistungsfähig. Kein Wunder, dass die Meetings vier oder fünf Stunden dauern, wenn dort nur noch „mit halber Kraft gefahren" werden kann.

Mit einem vernünftigen Pausen-Management, bei dem man konsequent alle 90 Minuten eine mindestens zehnminütige Pause einlegt, wird sich die Gesamtzeit der Sitzung deutlich verkürzen. Nicht nur in Besprechungen, sondern auch wenn Sie in einem kreativen Prozess am Schreibtisch sitzen, sollten Sie die Pausen einlegen. Die Aufnahmekapazität ist nun einmal an die Gehirnzellen gekoppelt, und die ermüden nach einer bestimmten Zeit.

Eine Tag für Tag ausgeführte einseitige, monotone Beschäftigung ermüdet die Aufmerksamkeit. Daher sollten Sie sich einmal in der Arbeitswoche einen Abend oder Nachmittag frei nehmen und etwas ganz anderes tun. Verlassen Sie z. B. Ihre Arbeitsstelle an einem festgelegten Tag um 17 Uhr und beschäftigen Sie sich so, als hätten Sie Urlaub. Richten Sie sich diesen Termin fest ein und nehmen Sie ihn ernst. Er soll Ihnen allein gehören und nicht mit Kollegen geteilt werden, denn dann ist nicht zu vermeiden, dass Sie doch wieder über die gemeinsame Arbeit sprechen. Treiben Sie stattdessen Sport, unternehmen Sie etwas Schönes mit der Familie, gehen Sie ins Kino, tun Sie irgendetwas, worauf Sie sich schon vorher freuen können und was Ihnen dadurch zusätzliche Kraft gibt. Allein durch die Vorfreude auf eine angenehme Unternehmung werden Sie Ihre Arbeit mit gesteigerter Motivation und mehr Leistungsvermögen erledigen.

Wichtig ist, dass Sie Ihren freien Abend als festen Termin betrachten, dem Sie die gleiche Bedeutung zumessen wie einem beruflichen Termin. Lassen Sie sich davon auf keinen Fall abbringen. Wenn Sie zur gleichen Zeit zu einem Arbeitstermin aufgefordert werden, sagen Sie diesen ab, denn Sie haben ja bereits einen Termin „auswärts". Ich habe selten erlebt, dass nachgefragt wurde, was für ein Termin das denn sei. Und selbst die Angabe, man habe privat bereits etwas vor, sollte eigentlich reichen.

Nach dem täglichen und wöchentlichen Pausen-Management können wir nun das monatliche betrachten: Gönnen Sie sich einmal im Monat eine größere Pauseneinheit, nämlich ein freies Wochenende mit mindestens zwei Tagen, an denen Sie eine Kurzreise unternehmen, Abstand vom Alltag gewinnen und sich mit neuen Eindrücken füllen. Ausflüge in die Natur, Bergwanderungen, ein Segeltörn oder auch ein Wochenendseminar, an dem man seinem Hobby nachgeht und malt, musiziert, tanzt u.Ä., geben Ihnen einen neuen Kraftschub. Etwas Schönes erlebt zu haben kann sich auf die Arbeit anschließend genauso motivierend und beflügelnd auswirken wie die Vorfreude darauf.

Dass solche Pausen nicht nur für die Leistungsfähigkeit im Beruf, sondern auch für das Privatleben wichtig sind, macht das Beispiel eines Coaching-Teilnehmers deutlich, der mich einmal bat, ihn auch privat zu unterstützen. Es stellte sich heraus, dass seine Ehe kriselte, obwohl er seine Frau sehr liebte. Aber die beiden hatten sich einander entfremdet und lange keinen Sex mehr miteinander gehabt. Der Mann arbeitete sehr viel. Ich empfahl ihm also, ein Wochenende mit seiner Frau zu verreisen, auf Ablenkungen wie Fernsehen zu verzichten und sich ausschließlich auf die Partnerschaft zu konzentrieren. Tatsächlich unternahm er diese Reise und meldete sich anschließend freudestrahlend: Zum ersten Mal seit langem hatte das Ehepaar wieder genug Zeit, sich mit der eigenen Beziehung auseinander zu setzen, über ihre Gefühle, Enttäuschungen und Erwartungen zu sprechen, Missverständnisse zu klären und ihre vorhandene Liebe zu aktivieren. Laut meinem Klienten hatte er mit diesem Annäherungs-Wochenende die letzte Möglichkeit wahrgenommen, seine Ehe zu retten. Beide haben sich geschworen, diese gemeinsamen Wochenenden beizubehalten, um nie wieder den Kontakt zueinander in so gefährlicher Weise abreißen zu lassen.

Betrachten wir abschließend noch den Jahreszyklus. Auch hier gibt es eine wichtige Pause: den mindestens dreiwöchigen durchgehenden Urlaub. Warum drei Wochen? Nun, die erste Woche brauchen Sie, um den im Lauf des Jahres angesammelten Langzeit- oder Basis-Stress loszuwerden. In dieser Zeit ist man oft abgespannt, müde, manchmal auch schlecht gelaunt. Die zweite Woche ist dazu da, sich neu zu orientieren, die Umwelt genauer wahrzunehmen, neue Seiten an sich selbst kennen zu lernen, sich an alte Vergnügungen zu erinnern und für sie zu öffnen. Erst in der dritten Woche tritt dann die dringend nötige Tiefenentspannung ein. Hier verliert man allmählich das Gefühl für die Zeit, vergnügt sich auf eine im positiven Sinn kindliche Weise und genießt einfach das Dasein.

Der dreiwöchige Urlaub erlaubt eine Regeneration, wie sie sonst nur noch in der Kur möglich ist und die die nötige Basis für die Leistungskraft im kommenden Jahr schafft. Die Erfahrungen und Eindrücke aus dieser Zeit geben neue Impulse für den Alltag und die Gestaltung von Entspannungsinseln darin.

Wann immer wir eine Pause machen, befinden wir uns auf der Rückseite der Wellenbewegung, die unser gesamtes Leben bestimmt. Wann immer es Leistung gibt, muss es eine Entspannung geben. Die Entspannung ist die Kehrseite der Leistung und ihre unerlässliche Voraussetzung. Gegen dieses kosmische Gesetz zu leben ist zerstörerisch. Wann immer Sie eine Leistung erbracht haben, wann immer Sie eine Leistung erbringen wollen, suchen Sie das „Wellental“, d.h. die Entspannung in der Pause, die Erholung. Im übertragenen Sinn sind diese Pausen das Ausholen beim Wurf des Balles, um auf das zu Beginn des Kapitels genannte Beispiel zurückzukommen. Durchbrechen Sie also den Leistungszwang und stoßen Sie mit Leichtigkeit in für Sie vielleicht noch unbekannte Gefilde des Wohlgefühls und der Leistungsfähigkeit vor!

Auf einen Blick: Pausen-Management

- Die Aufnahmekapazität und unsere geistige Leistungsfähigkeit sind begrenzt auf maximal 90 Minuten. Legen Sie daher alle eineinhalb Stunden sowohl in Sitzungen als auch im kreativen Prozess an Ihrem Schreibtisch regelmäßig zehnminütige Pausen ein.

- Richten Sie sich einmal pro Woche einen festen „freien Abend" ein, an dem Sie ganz privat etwas unternehmen, das Ihnen Freude macht und nichts mit dem Arbeitsalltag zu tun hat. Selbst das Denken an den Beruf sollte hier vermieden werden. Nehmen Sie diesen Termin ebenso ernst wie einen wichtigen beruflichen Termin und halten Sie unter allen Umständen daran fest.

- Reservieren Sie (mindestens) ein Wochenende im Monat, an dem Sie bewusst etwas unternehmen, bei dem Sie und Ihre Familie bzw. Ihr Partner Freude, neue anregende Eindrücke und frische Energie tanken.

- Machen Sie einmal im Jahr einen mindestens dreiwöchigen Urlaub, um sich von Grund auf zu regenerieren und fit für kommende Leistungsanforderungen zu machen.

7. Die Gehirnwellen

Schwingung bestimmt das Universum bis hin zur kleinsten Zelle. Auch unser Gehirn schwingt, und zwar je nach Aktivität in unterschiedlichen Frequenzen. Diese kann man mit Hilfe des Elektroenzephalogramms (EEG) messen.

Der wache Mensch schwingt im *Beta-Bereich* zwischen ca. 14 und 40 Hz (Hertz = Schwingungen pro Sekunde), wobei eine Schwingung im oberen Bereich auf starke Emotionalität und Hyperaktivität verweist. Je höher man schwingt, desto blockierter ist man, desto leichter verliert man die Kontrolle und lässt sich von Aggressionen leiten. Je geringer die Schwingung ist, desto offener ist der Mensch für Äußeres. Menschen, die bei 40 Hz schwingen, müssen also dringend „hinuntergetunt" werden, damit sie wieder zugänglich werden.

Zwischen 7 und 14 Hz befindet der Mensch sich im *Alpha-Zustand,* in dem er gelassen und gelöst ist. Seine Beobachtungsgabe, Kreativität und Aufnahmefähigkeit sind erhöht bis zu einem Grad, wo er mit besonderer Leichtigkeit lernt und das Gelernte ohne größere Anstrengung ins Langzeitgedächtnis übergeht. Meditierende und künstlerisch tätige Menschen befinden sich in einem Alpha-Zustand, ebenso wie Kinder, die noch einen natürlichen Zugang zu Spiritualität haben. Bis zum 5. Lebensjahr, in einer Zeit, in der sie besonders viel lernen und aufmerksam sind, befinden sie sich fast ausschließlich in der Alpha-Schwingung. Erst mit Schulbeginn, d.h. wenn sie dann auf Verstand und Logik festgelegt werden, verlassen sie diesen Bereich. Wie im nächsten Kapitel ausführlich dargestellt, ist der Mensch im Zustand der Alpha-Schwingung kreativ und intuitiv. Zuständig ist hierfür die rechte Gehirnhälfte. Die linke Gehirnhälfte wiederum bewirkt Logik und Rationalität. Interessanterweise steuern die Gehirnhälften jeweils die überkreuzten Körperhälften, d.h. die rechte Gehirnhälfte kümmert sich um die komplette linke Körperhälfte und umgekehrt.

Bezeichnenderweise wurden Schulkinder früher auf das Schreiben mit der rechten Hand trainiert, Linkshänder sogar unter Zwang, was die Kinder von ihrem kreativen Potenzial entfernte und sie zum rationalen Denken zwang. Auch wenn linkshändige Kinder mittlerweile mit links schreiben dürfen, ist unsere schulische Erziehung doch eher von Rechtshändigkeit und damit ziemlich einseitig von Verstand, Logik und Rationalität geprägt. Um auch die rechte Gehirnhälfte und mit ihr unsere Intuition und Spiritualität wieder zu aktivieren und somit ganzheitlich zu werden, sollten wir uns bewusst in den Alpha-Zustand begeben, den wir z. B. mit Hilfe von Meditation, aerobem Laufen und anderen in diesem Buch beschriebenen Techniken erreichen können.

Menschen in einer entspannten Alpha-Frequenz wirken auch auf ihr Gegenüber entspannend und bewirken somit im zwischenmenschlichen Kontakt viel Gutes. Die Alpha-Frequenz ist übrigens auch der Wellenbereich, in dem man in den Schlaf hinübergleitet.

Tipp

Wann immer Sie sich entspannen möchten oder kreativ tätig sind, empfehle ich Ihnen, Alpha-Musik (in vielen Musikalienhandlungen erhältlich) aufzulegen – möglichst auch an Ihrem Arbeitsplatz. Die starken Alpha-Wellen versetzen das Gehirn in einen extrem leistungsfähigen Zustand, weit mehr, als Beta-Wellen es jemals vermögen.

Zwischen 3 und 7 Hz schwingt man in der *Theta-Phase* während des normalen Schlafs, und unterhalb dieser Schwingungsfrequenz liegt der *Delta-Bereich*, in den man während des Tiefschlafs gelangt.

Für die mentale Leistungssteigerung ist ein Zustand wünschenswert, in dem man von Alpha-Wellen bestimmt wird, da er von Entspannung, Ruhe, Ganzheitlichkeit, hoher Konzentration und Kreativität gekennzeichnet ist. Tatsächlich ist es möglich, die Erzeugung von Alpha-Wellen zu trainieren, etwa durch Entspannungsprogramme, Konzentration, Alpha$_2$Training®, Meditation, klassische Musik, z. B. von Bach, Händel, Vivaldi oder Mozart, körperliche Bewegungen wie langsames monotones Laufen oder künstlerische Betätigung.

Der wache Mensch schwingt im Beta-Bereich zwischen 14 und 40 Hz. Zwischen 7 und 14 Hz befindet der Mensch sich im Alpha-Zustand. Zwischen 3 und 7 Hz schwingt man in der Theta-Phase während des Schlafs, und unterhalb dieser Schwingungsfrequenz liegt der Delta-Bereich, in den man während des Tiefschlafs gelangt.

Im Alpha-Zustand verbraucht der Mensch ungefähr 20 Prozent weniger Sauerstoff, während die Herzleistung um 25 Prozent zunimmt und Muskelverspannungen sich völlig auflösen. Insofern ist das Alpha$_2$Training® eine wichtige Methode, um in Kontakt mit dem Unterbewusstsein zu treten und dabei Körper und Geist in einen gleichermaßen entspannten wie leistungsfähigen Zustand zu versetzen.

8. Das Alpha$_2$Training®

Der Alpha-Zustand ist also ein günstiger Zustand und wir sollten uns sooft wie möglich in ihn hineinversetzen. Ich habe in den vergangenen Jahren ein entsprechendes spezielles Training entwickelt, das Alpha$_2$Training®. In diese Methode sind die neuesten Erkenntnisse über die Wirkungen und Möglichkeiten des autogenen Trainings und vieler anderer Entspannungstechniken geflossen. Das Alpha$_2$Training® ist der Grundstein eines optimalen Schlaf-Managements und bezieht sich auf die Phase zwischen dem Wachsein, der Beta-Phase, und dem Schlaf, der Theta-Phase. Das Besondere an diesem Training ist, dass es doppelt anwendbar ist (worauf sein Name verweist): Über das Alpha$_2$Training® können wir sowohl in einen völlig entspannten Zustand gelangen, aus dem heraus wir leicht einschlafen, als uns auch in kürzester Zeit erfrischen und geistig aktivieren. Lassen Sie mich Ihnen nun beide Wege vorstellen:

Die Durchführung des Alpha$_2$Trainings®

Das Alpha$_2$Training® besteht aus fünf Übungen, die leicht und in folgender Reihenfolge durchzuführen sind:

Übung 1

3-2-1, Arme anspannen, „loslassen"

Setzen oder legen Sie sich bequem hin, die Arme neben dem Körper, die Beine nebeneinander. Atmen Sie einmal tief ein und aus. Mit dem Ausatmen atmen Sie alle Verspannungen aus Ihrem Körper. Schließen Sie die Augen. Entspannen Sie Zunge, Augen und Schultern. Spannen Sie nun Ihre Arme und Hände fest an, während Sie sich im Geist die Ziffer „3" vorstellen. Nach zehn Sekunden entspannen Sie Hände und Füße, während Sie gleichzeitig das Wort „loslassen" sagen oder denken. Wiederholen

Sie das Ganze noch zweimal, indem Sie als Nächstes die Ziffer „2" und zum Schluss die Ziffer „1" visualisieren.

Übung 2

„Meine Arme sind schwer und warm."

Spüren Sie, während Sie diesen Satz denken, das Gefühl von Schwere und Wärme in Armen und Händen. Lassen Sie geschehen, was von selbst geschieht, und beobachten Sie dieses Geschehen. Die Vorstellung, dass Sie in der Sonne liegen, erleichtert Ihnen das Wärmeempfinden.

Übung 3

„Mein Bauch atmet mich."

Konzentrieren Sie nun Ihre Aufmerksamkeit auf Ihren Bauch, sein Heben und Senken. Spüren Sie, wie Ihr Atem in Sie strömt, Sie mit Leben erfüllt und dann wieder hinausströmt, wobei er Überflüssiges abtransportiert. Empfinden Sie den natürlichen Rhythmus. Lenken Sie Ihre Aufmerksamkeit auf Ihre Mitte und nehmen Sie das Leben von dort aus wahr. Entspannen Sie sich tief und lassen Sie los.

Übung 4

„Ich bin erfüllt von der Farbe Blau."

Stellen Sie sich nun vor, dass sich Ihr Körper und Geist mit der Farbe Blau füllen – mit flüssiger Farbe, blauem Licht oder Ähnlichem. Blau füllt Sie von den Zehenspitzen bis zum Scheitel. Erleben Sie, wie diese Farbe Sie mit Ruhe und Harmonie erfüllt.

Wenn Sie Schwierigkeiten haben, sich ein tiefes Blau vorzustellen, geht auch ersatzweise Grün. Hilfreich ist anfangs die Benutzung einer speziellen blauen Farbbrille. Sie können sich auch einen wunderschönen tiefblauen Himmel vorstellen, der Ihnen die Farbe Blau schickt und Sie damit am universellen Gleichgewicht teilhaben lässt.

Übung 5

„Mein Kopf ist hell und klar."

Wenden Sie sich nun Ihrem Kopf zu. Öffnen Sie sich für Intuition und Inspiration, wann immer diese kommen. Spüren Sie den Kontrast zwischen der Leichtigkeit Ihres Geistes und Ihrem schweren, warmen Körper. Die frei gewordene Energie des Körpers wandert in Ihren frischen Geist.

Kommen Sie allmählich wieder in die Gegenwart zurück. Bewegen Sie Hände und Arme, Füße und Beine. Strecken Sie sich, atmen Sie tief ein und aus, und öffnen Sie die Augen. Sie sind nun hellwach, erfrischt und ausgeruht. Mit einer schnellen, ruckartigen Bewegung der Beine oder Arme aktivieren Sie Ihren Kreislauf und Ihre bewusste Aufmerksamkeit.

Der sechsfache Nutzen des $Alpha_2$Trainings®

Nutzen I: Muskuläre Tiefenentspannung

Durch das $Alpha_2$Training® entspannen sich alle Muskelzellen und Blutgefäße. Aufgrund dieser Tiefenentspannung erholen sich Sportler rasch von extremen Anstrengungen, weswegen das $Alpha_2$Training® auch nach Wettkämpfen häufig angewandt wird.

Nutzen II: Geistige Entspannung

Sie werden beim Erlernen des $Alpha_2$Trainings® die Erfahrung machen, dass die Phase körperlicher Entspannung nicht gleichzeitig auch die gedanklicher Ruhe ist. Im Gegenteil geht es anfangs in Ihrem Kopf laut zu und es fällt Ihnen schwer, sich auf die Übungssätze zu konzentrieren, ohne abzuschweifen. In dieser Phase werden Sie deutlich mit Ihren Konzentrationsschwächen konfrontiert.

Unser Gehirn kann immer nur einen Gedanken denken. Gehen uns mehrere Probleme gleichzeitig durch den Kopf, so muss das

Gehirn hin- und herschalten. Das kostet viel Konzentration, da der gedankliche Faden immer wieder neu aufgenommen werden muss. Einfacher und effizienter ist es hingegen, eine Sache mit hundertprozentiger Konzentration fertig zu denken und sich dann der nächsten zu widmen. Es gilt: Energie folgt der Aufmerksamkeit. Und je weniger Sie die Aufmerksamkeit streuen, umso mehr können Sie Ihre Energie fokussieren.

Mit dem Alpha$_2$Training® schlafen Sie ruhiger ein, träumen befreiter und erholen sich optimal. Wenn Sie es zum Einschlafen anwenden, lassen Sie die fünfte Übung – „Mein Kopf ist hell und klar.“ – vor dem Einschlafen weg. Am nächsten Morgen wachen Sie frisch und munter auf, und die Chance ist groß, dass Ihnen plötzlich die Lösung Ihres Problems vor Augen steht. Dies folgt aus dem Prinzip des Loslassens: Indem man nicht an ein Thema denkt, kann das Unterbewusstsein Informationen verarbeiten und anschließend die Lösung präsentieren.

Nutzen III: Emotionale Entspannung

Durch die täglich wiederholte zehnminütige Entspannung Ihres Körpers kommen Sie allmählich auch mental zur Ruhe. Die Entspannungsphase weitet sich auf den gesamten Tag aus. Sie werden insgesamt ausgeglichener und können nicht nur Ihre Gedanken, sondern auch Ihre Gefühle besser managen, was zu einer deutlichen Steigerung Ihrer Lebensqualität führt.

Nutzen IV: Erreichung des Alpha-Zustands

Das Alpha$_2$Training® versetzt das Gehirn in den Alpha-Zustand. Die Frequenz der Gedanken senkt sich auf 7 bis 14 Hz. In diesem Zustand zwischen Schlaf und normalem Tagesbewusstsein sind Sie in einer mentalen Hochleistungsphase, denn der Alpha-Zustand ermöglicht einen direkten Zugang zum Unterbewusstsein. Das Bewusstsein mit all seinen Problemen und Blockaden ist auf „*stand by*“ geschaltet. Hierauf basieren viele Mentaltechniken wie die Zielvisualisierung und die Autosuggestion. Im Alpha-Zustand ist das Gehirn nachweislich bis zu zehnmal aufnahmefähiger als im Wachzustand, weshalb bestimmte Lernmethoden auf dem Alpha-Modus aufbauen.

Nutzen V: Aktivierung der rechten Gehirnhälfte

Das Alpha$_2$Training® ist eine ideale Vorbereitung für kreative Prozesse und konzeptionelle Phasen. Es aktiviert die rechte Gehirnhälfte, die für Kreativität, Intuition und ganzheitliches Denken zuständig ist. Gerade in Phasen, in denen man auf neue gute Ideen angewiesen ist, diese aber blockiert sind, kann eine kurze Sequenz des Alpha$_2$Trainings® die kreativen Gedanken freisetzen. Es lohnt sich, dabei im Hintergrund Alpha-Musik laufen zu lassen.

Nutzen VI: Stärkung des Immunsystems

Eine in den USA durchgeführte Langzeitstudie mit einer Population von mehreren Tausend Menschen kam zu dem Ergebnis, dass Meditierende nur halb so oft erkranken wie Nicht-Meditierende. Der Alpha-Zustand stärkt demzufolge das Immunsystem um das Doppelte, oder anders ausgedrückt: Wenn Sie täglich das Alpha$_2$Training® durchführen, werden Sie wahrscheinlich nur noch halb so oft krank wie bisher. Ein ausgeglichener Mensch verfügt über ein starkes Immunsystem, das alle angreifenden Viren und Bakterien abwehrt. Hingegen wird das Immunsystem schwach, wenn wir unser inneres Gleichgewicht verlieren. „Kränkeleien" wie häufige Erkältungen oder sogar der Ausbruch einer ernsteren Krankheit sind ein Ausdruck davon. Krankheit ist meiner Meinung nach nicht etwas Schicksalhaftes oder gar Mystisches, sondern lediglich die Folge einer verminderten oder verlorenen Balance.

Anwendung des Alpha$_2$Trainings®

Zum Erlernen des Alpha$_2$Trainings® empfehle ich Ihnen, ca. drei Monate lang mit Hilfe der diesem Buch beigefügten CD die entsprechende Übung täglich durchzuführen. Nach dieser Zeit brauchen Sie die Anleitung in der Regel nicht mehr. Ziel ist zudem, dass Sie nach der Einübung, Automatisierung und Verinnerlichung des Trainings in kürzerer Zeit in den Alpha-Zustand gelangen. Dann reichen schon bestimmte Reizwörter, um das Programm einrasten und in verkürzter Zeit abspulen zu lassen, z. B.: „Entspannung –

schwer und warm – Bauch atmet – Blau – Kopf hell und klar". Innerhalb von nur zwei Minuten können Sie auf diese Weise in den gewünschten Alpha-Zustand gelangen.

Hier einige Hinweise zur praktischen Anwendung:

Häufigkeit des Trainings

Am besten führen Sie das zehnminütige Training täglich, mindestens aber fünfmal pro Woche durch. Das Geheimnis des Erfolgs liegt in der Kontinuität. Diese zehn Minuten pro Tag sind bestens investiert, da sie ein Vielfaches an Zeitersparnis einbringen: Sie haben in kürzester Zeit Ihre Müdigkeit überwunden und können sich wieder frisch Ihrer Arbeit zuwenden. Außerdem steigern Sie Ihre Konzentration und Kreativität.

Sie können das Alpha$_2$Training® natürlich auch mehrmals am Tag durchführen. Seine Einsatzmöglichkeiten sind zeitlich unbegrenzt.

Der richtige Zeitpunkt

Zum Erlernen des Alpha$_2$Trainings® empfehle ich, immer zur gleichen Zeit zu üben. So wird diese Phase leicht zur täglichen Routine. Das Einbetten des Trainings in ein tägliches Ritual kann es Ihnen am Anfang enorm erleichtern, konsequent zu bleiben. Durch die morgendliche Übung können Sie den Tag ruhig und ausgeglichen beginnen und Ihre Gedanken ordnen. Richten Sie sich nach dem Aufwachen im Bett auf und üben Sie. Eine sitzende Haltung verhindert, dass Sie gleich wieder einschlafen.

Am Abend bringt das Alpha$_2$Training® ebenfalls Ruhe und Ordnung in Ihre Gedanken und entspannt Sie von den körperlichen Verkrampfungen durch den Tagesstress. Sinnvoll ist das Training abends gleich nach dem Heimkommen. Falls es bei Ihnen zu Hause zu unruhig ist, halten Sie auf dem Heimweg an und üben im Auto. Sie können die Übungen auch später am Abend durchführen, was Ihnen dann einen erholsamen, energiebringenden Schlaf beschert. Direkt vor dem Einschlafen sollten Sie aber, wie gesagt, die letzte Übung weglassen, da sie den Mentalbereich aktiviert.

Schließlich eignet sich auch die Mittagspause für das $Alpha_2$Training®. Vor allem nach dem Essen ist es das beste Mittel für die rasche Regeneration.

Der richtige Ort

Das $Alpha_2$Training® können Sie immer und überall durchführen: im Flugzeug, auf Parkbänken, in der U-Bahn, im Auto auf dem Parkplatz … Zum Erlernen ist natürlich ein ruhiger Platz ideal. Steht Ihnen ein solcher nicht zur Verfügung, behelfen Sie sich mit folgender Suggestion, die Sie sich zu Beginn der Übung mehrmals vorsagen: „Jedes Geräusch von außen bringt mich noch tiefer in meine Entspannung."

Die richtige Haltung

Zu Beginn empfiehlt es sich, das $Alpha_2$Training® im Sitzen zu üben. Arme und Beine befinden sich parallel zueinander, nicht überkreuzt. Sitzen Sie möglichst mit aufrechter Wirbelsäule, damit die Energie fließen kann. Später können Sie die Übungen auch am Schreibtisch, bei Vorträgen und Besprechungen, eigentlich überall und auch mit offenen Augen durchführen. Selbst im Stehen können Sie sich auf diese Weise regenerieren. Welche Sitzhaltung Sie letztlich einnehmen, entscheiden Sie danach, wie Sie sich am wohlsten fühlen.

Das $Alpha_2$Training® ist für mich der wichtigste Teil des gesamten Programms zur Steigerung der Lebensqualität. Sich diese Viertelstunde täglich nicht zu nehmen, kann man fast als Fahrlässigkeit gegenüber der eigenen Leistungsfähigkeit betrachten. (Es gibt übrigens eine eigens aufgenommene CD mit dem Titel „Das $Alpha_2$Training®" mit umfangreichen Informationen und Übungssequenzen. Näheres dazu finden Sie auf Seite 209.)

Auf einen Blick:
Praktische Hinweise zum $Alpha_2$Training®

Wie oft?	Sooft Sie wollen. Es gibt kein Zuviel.
Wann?	Morgens, mittags, abends, vor dem Einschlafen – wann immer Sie wollen
Wo?	Überall
Wie?	Sitzend, stehend, liegend – Hauptsache, Sie fühlen sich wohl!

9. Schlaf-Management

Der wichtigste Indikator für eine gute Balance ist neben der Gesundheit tiefer erholsamer Schlaf. Ausgeglichene Menschen schlafen tief und fest. Bedenkt man, dass in Deutschland fast ein Drittel der Bevölkerung an Schlafstörungen leidet und Tag für Tag zwei Millionen (!) Schlaftabletten geschluckt werden, so müssen wir zu dem erschreckenden Schluss kommen, dass in unserer Leistungsgesellschaft die Menschen dramatisch unausgeglichen sind. Falls auch Sie zu der Mehrheit der kränkelnden und schlecht schlafenden Bevölkerung gehören, ist es höchste Zeit, dass Sie mehr auf Ihre innere Balance achten und Maßnahmen zur Stabilisierung Ihres Gleichgewichts ergreifen. Das Achten auf die eigene Balance ist die beste Gesundheitsvorsorge: Nicht nur lassen sich Krankheiten und unangenehme Leistungsausfälle vermeiden, sondern Leistungen enorm steigern. Wegen der immensen Bedeutung des Schlafs für unsere Leistungsfähigkeit möchte ich im Folgenden ausführlich auf seine Phasen, verkürzte Schlafzeiten und effiziente regenerative Schlaftechniken eingehen.

Die Phasen des Schlafes

Schlaf ist ein faszinierendes Phänomen, mit dem sich die Naturphilosophen aller Epochen auseinander gesetzt haben. Und doch sind die wissenschaftlich abgesicherten Erkenntnisse heutzutage in manchen Bereichen noch gering. Die Schlafforschung scheint ein Stiefkind moderner Medizin zu sein. Hervorzuheben sind die bahnbrechenden Untersuchungen des amerikanischen Schlafpioniers William C. Dement in den siebziger Jahren des letzten Jahrhunderts. In Österreich stammen wichtige Erkenntnisse von der Schlafforscherin Frau Dr. Brigitte Holzinger. Ihr verdanke ich, dass ich Ihnen hier den neuesten Stand der Schlafforschung darstellen kann. Folgende Erkenntnisse sind über den Schlaf gesichert:

Der Schlaf verläuft in Zyklen, von denen jeder Zyklus im Schnitt 90 Minuten (genau genommen zwischen 60 und 110 Minuten) dauert. Diese Zyklen beschreiben eine aufsteigende Zickzackkurve.

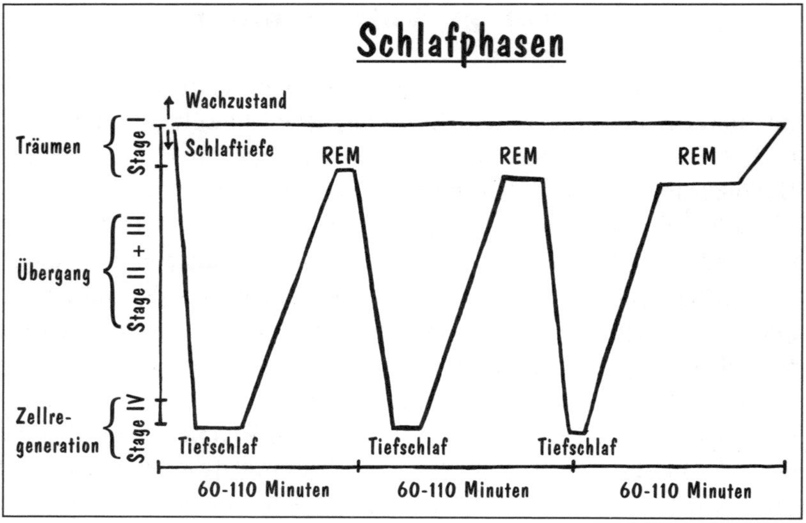

Die Phasen des nächtlichen Schlafs

Bereits das Einschlafen ist ein faszinierender – und leider nicht völlig erforschter – Prozess. Denn während viele Bewusstseinszustände als eine Art Kontinuum ablaufen, gibt es beim Einschlafen offensichtlich einen Punkt, an dem ein sprunghafter Übergang vom Wach- in den Schlafzustand stattfindet.

Nach diesem Punkt beginnt das so genannte *Einschlafstadium* oder *Stage I.* Es ist gekennzeichnet durch eine Verlangsamung von Atmung, Herzschlag und Hirnwellen, die in den Alpha-Bereich übergehen. Die Muskulatur ist relativ entspannt, die Augen sind still oder weisen langsame, rollende Bewegungen auf.

An das erste Stadium schließen sich *Stage II* und *Stage III* an, Übergangsstadien, in denen die Gehirnwellen noch etwas langsamer werden. Das EEG zeigt, dass sich Alpha- und Theta-Schwingungen ablösen. Die Muskulatur ist in den Stadien II und III entspannt, aber noch nicht abgeschaltet; die Augen bewegen sich nicht. Gewisse Parasomnien – d. h. Schlafstörungen wie Schlafwandeln, Alpträume oder Zähneknirschen – können in diesen Stadien vorkommen.

Im vierten Stadium, *Stage IV*, findet der *Tiefschlaf* statt. Hier werden die Theta-Wellen von Delta-Wellen (1 bis 4 Hz) abgelöst.

Das Hirn ist kaum noch aktiv, die Muskeln sind entspannt, es finden keine Augenbewegungen statt. In dieser Phase regenerieren sich die Körperzellen, beispielsweise werden Proteine bzw. die sie aufbauenden Aminosäuren erneuert, weswegen man sich vermutlich nach dieser Schlafphase so besonders erfrischt fühlt.

Aus dem Tiefschlaf bewegen wir uns in eine höher frequente Phase, die rein äußerlich durch heftige Augenbewegungen gekennzeichnet ist und daher REM-Phase (REM = *Rapid Eye Movement*) genannt wird. Diese Phase ereignet sich im Schnitt alle 90 Minuten. In ihr wird Unterbewusstes verarbeitet. Würde man im Verlauf der nächtlichen Schlafentwicklung bei einem Menschen immer wieder die REM-Phasen kappen, d.h. ihn zu Beginn dieser Phasen wecken, würde dies dauerhaft ebenso zu seinem Tod führen wie ein Nachtschlaf, der regelmäßig weniger als drei Stunden dauert.

In der REM-Phase sind nicht nur die Augen aktiv. Das EEG zeigt, dass man sich in einem Zustand befindet, der dem Wachzustand ähnelt, und zwar so, wie wenn man konzentriert Aufgaben lösen würde. Die REM-Phase kennzeichnet eine hochaktive, aus Alpha- und vor allem Beta-Wellen gemischte Frequenz, weswegen man von „paradoxem Schlaf" spricht. Der Unterschied zum Wachzustand zeigt sich vor allem in der Muskulatur. Sie ist in der REM-Phase völlig abgeschaltet. Der Körper ist unfähig sich zu bewegen, er ist wie gelähmt. Dies ist auch der Grund, weshalb jemand, der in der REM-Phase aufwacht, sich einige Momente lang nicht rühren kann. Ein solches Erlebnis kann erschreckend sein, ist aber kein Grund zur Sorge. Kurze Zeit nach dem Erwachen des Ich-Bewusstseins wird auch der Körper wach und kann sich wieder bewegen. Im REM-Schlaf träumen wir, was übrigens nicht heißt, dass wir in den Non-REM-Phasen nicht auch träumen oder Bilder sehen können.

Diese fünf Stadien des Schlafs – also von der Einschlafphase, über die Phasen II und III, die Tiefschlafphase bis zur REM-Phase – bilden einen Zyklus, der durchschnittlich 90 Minuten lang dauert. Während eines sieben- bis achtstündigen Schlafs erleben wir also vier bis fünf solcher Schlafzyklen. Diese verändern sich im Laufe der Nacht. Während im ersten Zyklus die Tiefschlafphase vorherrscht und der REM-Schlaf minimal ist, verschieben sich diese

Wertigkeiten gegen Morgen umgekehrt proportional. Gegen acht Uhr morgens findet fast kein Tiefschlaf mehr statt, hingegen bis zu 30 und 40 Minuten lange Traumphasen.

Wenn man die Verteilung von Schlaf über den Tag betrachtet, so ergibt sich ein relativ feststehender Rhythmus, der durch die so genannte Zirkadiane-Periode festgelegt ist. Schlafwissenschaftler bezeichnen mit diesem Begriff den Rhythmus, dem der menschliche Organismus während eines ungefähren Tages (24 bis 25 Stunden) unterworfen ist. Laut Zirkadiane gelangt man um Mitternacht herum am leichtesten in den Delta-Zustand. Wer also erst um vier Uhr morgens schlafen geht, wird weniger Zeit in der Tiefschlafphase und die überwiegende Zeit in der REM-Phase verbringen. Des Weiteren ist um ca. 14 Uhr der Körper für einen Mittagsschlaf bereit. Am späteren Nachmittag (16 bis 17 Uhr) ist er dann wieder sehr aktiv.

Für die Regeneration während des Schlafs ist zweierlei von Bedeutung:

1. Der Körper braucht einen Mindestschlaf von ca. 4,5 Stunden. Auch wenn es verständlicherweise keine entsprechenden Studien an Menschen gibt, kann man davon ausgehen, dass ein dauerhaft weniger als dreistündiger Schlaf lebensgefährlich sein kann.
2. Der Körper braucht den gesamten Schlafzyklus, also nicht nur REM- oder nur Einschlafphasen, sondern alle Stadien. Ausgehend von der durchschnittlich 90-minütigen Dauer eines Zyklus sollte man mindestens drei Zyklen à 90 Minuten = 4,5 Stunden schlafen können.

Auf einen Blick: Schlafphasen

- Der Schlaf verläuft in ca. 90-minütigen Zyklen. Jeder Zyklus weist in dieser Reihenfolge folgende Phasen auf:
  - Einschlafphase
  - Zwei Übergangsphasen vom leichten in den tiefen Schlaf und retour (Stage II, Stage III)
  - Tiefschlaf- bzw. Deltaphase

– REM-Phase
- Zellumbau und Zellregeneration finden in der Tiefschlafphase statt, Träume in der REM-Phase.
- Man sollte möglichst vor Mitternacht einschlafen, da im ersten Zyklus die regenerative Tiefschlafphase am längsten dauert. In den weiteren Zyklen verkürzt sie sich, während die traumreichen REM-Phasen immer länger werden.

Wie viel Schlaf braucht der Mensch?

Warum schlafen einige Menschen wenig, andere viel? Ist das eine besser als das andere oder mit anderen Worten: Wie viel Schlaf braucht der Mensch? Brauchen Frauen und Männer gleich viel Schlaf? Gibt es so genannte „Kurz-“ bzw. „Langschläfer“ und „Morgen-“ bzw. „Abendmenschen“? Wodurch entstehen Schlafstörungen, und wie kann man sie beheben? Lassen Sie mich Ihnen kurz den allgemeinen Wissensstand erläutern, bevor ich Ihnen dann *meine* These zum Schlaf darlege.

Das Phänomen „Schlaf“ ist ebenso vielfältig wie geheimnisvoll. Männer brauchen im Schnitt eine Stunde weniger Schlaf als Frauen. Trotzdem können Frauen aus hormonellen Gründen flexibler äußere Störungen verarbeiten und sich beispielsweise einem Jetlag besser anpassen. Dies hängt damit zusammen, dass das die Schlafhormone steuernde Melatonin von weiblichen Geschlechtshormonen umgeben ist. Andererseits sind Frauen anfälliger für die Entwicklung affektiver Störungen wie Depressionen. Während der Schlafzyklus bei Frauen relativ flexibel ist, brauchen Männer eher fixe Schlafzeiten. Die weibliche Flexibilität ist wahrscheinlich darauf zurückzuführen, dass Frauen sich um Neugeborene kümmern, die anfangs noch keinen Schlafrhythmus haben und ihre armen Mütter unabhängig von den 90-Minuten-Zyklen aufwecken.

Unterschiede zwischen Morgen- und Abendmenschen sind genetisch bedingt. Es ist also nicht unbedingt sinnvoll, einen Morgenmuffel in der Frühschicht arbeiten zu lassen. Allerdings behaupte ich, dass ein in der Balance lebender Mensch sich durchaus einem anderen Rhythmus anpassen kann, insbesondere wenn er seinen

Nachtschlaf mit entsprechendem Energie-Management verkürzt. Außerdem dürfen wir nicht die mentale Kraft vergessen: Wer davon überzeugt ist, ein „Abend-“ bzw. ein „Nachtmensch“ zu sein, hat größere Schwierigkeiten mit dem Aufstehen am Morgen als jemand, der sich nicht durch solche inneren Programmierungen beeinträchtigt.

Und schließlich gibt es auch die Kategorie der Kurz- bzw. Langschläfer. So soll Leonardo da Vinci nur 1,5 Stunden pro Nacht geschlafen haben.

Gesundheitsapostel predigen im Chor, dass der Mensch gar nicht genug schlafen kann, acht Stunden mindestens am Tag, wenn möglich mehr. Ich behaupte dagegen: Fünf bis sechs Stunden Schlaf reichen völlig zur Regeneration, ein vernünftiges Schlaf-Management vorausgesetzt.

Vielleicht gehören Sie – obwohl Sie mehr als sechs Stunden schlafen – zu den chronisch unausgeschlafenen Menschen und ärgern sich über meine These. Ich glaube, ich habe gute Argumente, um Sie zu überzeugen. Die meisten Menschen in unserer modernen Gesellschaft gehen ins Bett, wann sie wollen, stehen aber auf, wann sie müssen. Anstatt sich einem natürlichen Zirkadiane-Rhythmus anzupassen, also vor Mitternacht ins Bett zu gehen, um einen ausreichenden Tiefschlaf zu bekommen, sehen sie noch den Spätfilm, auch wenn sie eigentlich zu müde sind. Oft verhindern nur Müdigkeit – und leider auch hoher Alkoholkonsum –, dass sie sich aufraffen und ihrer Müdigkeit mit dem richtigen Mittel begegnen: dem Schlaf. Ebenso ungünstig wie zu spätes Ins-Bett-Gehen ist allerdings auch das morgendliche Herausgerissenwerden aus einer REM-Phase durch einen gnadenlos schrillenden Wecker.

Ich behaupte: Nur in einer Balance-losen Zeit braucht der Mensch acht Stunden Schlaf. Befindet er sich hingegen in der Balance, so reduziert sich sein Schlafbedarf deutlich, und zwar auf fünf bis sechs Stunden pro Nacht.

Den Beweis für diese These habe ich selbst antreten können.

Bis vor wenigen Jahren war ich ein normaler Acht-Stunden-Schläfer. Die einzige Ausnahme stellten meine Seminare dar, bei denen ich weniger Schlaf bekam. Abends wurde es meist spät, wir saßen bis lange nach Mitternacht im Gespräch zusammen, und morgens ging es früh wieder los. In diesen Zeiten fiel ich aus meinem üblichen Rhythmus und war dann oft müde.

Ein Zen-Meister erklärte mir, dass ich nicht mehr als fünf Stunden Schlaf brauche, und er ermutigte mich, meinen Schlafrhythmus zu verkürzen. 14 Tage lang versuchte ich es also mit nur fünf Stunden Nachtschlaf, aber es klappte nicht. Ich konnte mich an diesen Rhythmus nicht gewöhnen und war nach wie vor tagsüber fürchterlich müde. Also suchte ich nochmals das Gespräch mit dem Meister, und es stellte sich heraus, dass ich gleich mehrere Fehler begangen hatte:

1. Fehler: Ich hatte mir einen Wecker gestellt.

Wenn der Wecker die Aufwachphase unterbricht, wird der Schlaf nicht richtig abgeschlossen, und das Herausreißen wirkt sich nachhaltig irritierend auf den ganzen Organismus aus. Besser ist es, sich einen inneren Wecker zu stellen. Mit ein wenig Übung kann man diesen inneren Wecker programmieren. Sicher haben Sie schon öfter die Erfahrung gemacht, dass Sie eine Minute vor dem Wecker wach werden: ein typisches Beispiel dafür, dass Sie am Abend vorher an das morgendliche Aufstehen gedacht und sich so – ohne es zu merken – innerlich darauf programmiert haben. (Ein Glück, denn so haben Sie die negativen Auswirkungen des Weckers vermieden.)

Als Kind hatte ich übrigens einen so grässlich schrillen Wecker, dass ich mich vor diesem Geräusch fürchtete und allein aus diesem Grund meine innere Uhr unbewusst programmiert hatte, um ja immer vor dem Wecker aufzuwachen.

2. Fehler: Tagsüber hatte ich nicht genug Pausen eingelegt.

Besser wäre es gewesen, zwischendurch Übungen aus dem Balance-Programm zu machen.

3. Fehler: Ich war gar nicht motiviert, so früh aufzustehen.

Motivationsmangel aber ist ein fürchterlicher Hemmschuh. Ich hätte mir schon vor dem Schlafengehen vorstellen sollen, was ich alles tun könnte, wenn ich schon um vier Uhr morgens aufstehen würde.

Genaue Vorstellungen darüber, wie ich die geschenkte Zeit verwenden würde, wären eine wunderbar hilfreiche Motivation gewesen.

Ich nahm mir die Empfehlungen des Zen-Meisters zu Herzen, und es gelang mir leicht, meinen Schlaf von acht auf fünf Stunden zu reduzieren und dabei frisch und leistungsstark zu sein. Somit konnte ich fast drei Stunden aktive Lebenszeit pro Tag gewinnen. Heute wache ich am Morgen ohne Wecker auf und fühle mich ausgeruht und munter (zur Technik siehe nächstes Kapitel). Das ist natürlich nur deshalb möglich, weil ich auch mein Energie-Management in allen anderen Bereichen entwickelt habe. Wenn ich tagsüber müde werde, wende ich einfach den Zehn-Minuten-Energieschlaf an (siehe Seite 101).

Dass ich meine Schlafzeit verkürzt habe, macht mich unabhängig von äußeren Gegebenheiten. So genieße ich es heute, bei anstrengenden Seminaren abends noch mit den Teilnehmern zu diskutieren und trotzdem morgens topfit zu sein. Wenn ich tatsächlich einmal an einem regnerischen Wochenende morgens nicht aufstehe, sondern sieben Stunden schlafe, bin ich häufig „überschlafen", d. h. ich fühle mich eher müde und träge. Mehr Schlaf als die für mich üblichen fünf bis sechs Stunden irritieren meinen Körper mehr, als dass sie ihn stärken.

Im Winter brauche ich eine halbe Stunde mehr Schlaf als im Sommer, was mit der Dauer der Tageshelligkeit zusammenhängt. Wenn ich einen hohen Stresspegel habe, benötige ich ebenfalls mehr Schlaf, um mich zu regenerieren. In extremen Zeiten der Belastung schlafe ich manchmal sechs bis sieben Stunden, das aber ist eher die Ausnahme.

Aufkommende Müdigkeit darf nie bekämpft werden, vielmehr muss man ihr nachgeben. Indem Sie in solchen Momenten Übungen des Inpowerlance®-Programms machen, d. h. meditieren, insbesondere die Übungen des Alpha$_2$Trainings® anwenden oder den Zehn-Minuten-Schlaf einlegen, sind Sie innerhalb von zehn bis 15 Minuten wieder fit.

Bevor Sie Ihren Schlaf verkürzen und sich vornehmen, früh aufzustehen, überlegen Sie sich sorgfältig, wie Sie die gewonnenen

Auf einen Blick: Voraussetzungen für einen ausreichenden 5–6-Stunden-Schlaf

- Gutes Energie-Management: Durchführung von Energieübungen z. B. aus dem Inpowerlance®-Programm (siehe Kapitel „Power" und „Atmung")
- Aufwachen ohne Wecker
- Belohnung nach dem Aufwachen: Genießen der geschenkten Zeit
- Zehn-Minuten-Schlaf bei Müdigkeit

Morgenstunden füllen wollen. Sie können in Ruhe arbeiten, laufen, golfen oder einen anderen Sport treiben, zum Sonnenaufgang im Wald spazieren gehen, einsame Naturbeobachtungen anstellen, lesen, mit Ihrem Partner bzw. Ihrer Partnerin zärtlich sein, ein Video ansehen, Musik hören ... Je genauer Ihre Vorstellungen sind, desto leichter fällt Ihnen die Umstellung auf den verkürzten Schlaf.

Vor allem aber sollte sich jeder seine Unabhängigkeit von eingefahrenen Gleisen bewusst machen und ganz besonders die Unabhängigkeit von einem vermeintlichen körperlichen Bedürfnis: dem nach vielen Stunden Schlaf. Wir bilden uns ein, acht oder neun Stunden Schlaf zu brauchen. Entsprechend dieser Programmierungen arbeitet unser Unterbewusstsein. Solange wir uns also nicht umprogrammieren, werden die alten Erwartungen auch zutreffen. Wer sich einbildet, acht Stunden Schlaf zu brauchen, wird nach sechs oder sieben Stunden todmüde aufwachen, weil die Steuerung des Unterbewusstseins, das von acht Stunden Schlaf ausgeht, nicht funktioniert hat. Kein Körpersystem wird sich dann auf die Schlafverkürzung einstellen können.

Wenn man den Schlaf verkürzen will, muss man davon überzeugt sein, dass dies möglich ist, man muss sich zudem auf das Aufwachen und Aufstehen freuen. Sie kennen dies selbst: Haben Sie einen unangenehmen Tag vor sich bzw. fürchten Sie sich davor, so fällt Ihnen das Aufwachen morgens sehr viel schwerer, als wenn Sie früh aufstehen müssen, um in Ihren Traumurlaub aufzubrechen. Zum leichten Aufstehen brauchen Sie einen Grund, am besten einen motivierenden, ansonsten schlafen Sie schnell nach dem ersten Aufwachen wieder ein, z. B. beim „Ausschlafen“ am Wochenende. Da der mentale Bereich so entscheidend ist, hilft es Ihnen, sich vor dem Schlafengehen am Abend vorzustellen, was Sie nach dem Aufwachen vorhaben. Legen Sie sich schon am Abend alles bereit, was Sie morgens früh brauchen: Ihr Buch, die kuschelige Decke auf dem Sofa, die Wander- oder Laufschuhe ...

Die Bedeutung der mentalen Programmierung habe ich selbst eindrucksvoll erfahren, und ich hätte mir nie vorstellen können, mit weniger als acht Stunden Schlaf auszukommen. Erst die Auseinandersetzung mit dem Thema Schlafbedarf und meine Bereitschaft, mich gedanklich zu öffnen und zu experimentieren, hat dazu geführt, dass ich auch mit fünf Stunden Schlaf locker auskommen kann und dadurch im Hinblick auf die Schlafdauer viel unabhängiger geworden bin!

Schlaf-Management

Nehmen Sie sich einige Minuten Zeit und beantworten Sie die folgenden Fragen schriftlich:

1. Wie lange soll Ihre neue Schlafdauer sein?
2. Wann wollen Sie künftig schlafen gehen?
3. Wann wollen Sie künftig aufstehen?
4. Mit welchen Aktivitäten wollen Sie die gewonnene Zeit am Morgen nutzen?
5. Auf was freuen Sie sich nach dem Aufstehen?

Verkürzen der Schlafdauer

Haben Sie nun Lust bekommen, Ihren Schlaf zu verkürzen? Am besten reduzieren Sie Ihren Schlaf jede Woche um eine halbe Stunde. Verkürzen Sie die Schlafdauer innerhalb weniger Tage, empfinden Sie einen gewissen Frust. Je mehr Zeit Sie für die Umstellung zur Verfügung haben, desto leichter fällt diese Ihnen. Wenn Sie den Schlaf so lange wöchentlich um eine halbe Stunde kürzen, bis Sie

Ihre angestrebte durchschnittliche Schlafdauer erreicht haben, verläuft die Umstellung relativ unproblematisch.

Vielleicht wenden Sie nun ein, dass unser Körper sich logischerweise weniger regenerieren kann, wenn wir weniger Schlafzyklen haben. Aber wir dürfen unserer Natur in ganz erstaunlichem Maß vertrauen: Tatsächlich verfügen wir über eine innere Uhr, die sich sehr flexibel stellen lässt. Wenn unser Körper mit weniger Zeit auskommen muss, teilt er sich den Schlaf so ein, dass die Regenerationsphasen länger sind. Unser Organismus kürzt das zweite und dritte Stadium, während die regenerativen Tiefschlaf- und REM-Phasen erhalten bleiben. Kurzschläfer haben also die gleichen Erholungszeiten wie Langschläfer, bei kürzerem Schlaf versäumen sie daher fast nichts. Wichtig ist lediglich, dass man jeweils einen ganzen Zyklus durchschläft. Bei einer durchschnittlichen Länge von 90 Minuten pro Zyklus wäre ein Nachtschlaf von 4,5 bis 5 Stunden ideal. Zusätzlich zu diesem Kurzschlaf empfiehlt es sich, tagsüber einen Kurzschlaf von zehn bis 20 Minuten einzulegen und wenn möglich zehn Minuten zu meditieren. Mein IPL-Programm sieht idealerweise den Zehn-Minuten-Schlaf vor sowie das zehnminütige Alpha$_2$Training® bei gelegentlichen Phasen der Müdigkeit oder nachlassender Konzentration.

Das Nickerchen, das man tagsüber – meist nach dem Mittagessen – hält, muss eine Bedingung erfüllen: Es darf nicht zu lang dauern. Die richtige Länge zu ermitteln erfordert ein Gespür für sich selbst, das jeder im Laufe der Zeit entwickelt. Ob man sich zehn, 20 oder 30 Minuten nimmt, ist Geschmackssache. Länger als 30 Minuten sollte der Kurzschlaf allerdings auf keinen Fall dauern, denn danach setzt ein Zyklus ein, der müde macht. Dann werden Müdigkeitsstoffe produziert, die verhindern, dass man sich anschließend wieder in eine optimale Leistungsform versetzen kann. Meiner Erfahrung nach ist der Zehn-Minuten-Schlaf in aller Regel der erfrischendste und zeitlich effizienteste.

Wie viele körperliche Prozesse lässt sich auch der Schlafbedarf mental steuern und durch das Bewusstsein lenken. Schon nach 14 Tagen kann sich der Körper auf weniger Schlaf umstellen. Dies gilt allerdings für den Normalfall. Leidet jemand dauerhaft unter zu viel

Stress, braucht er mehr Schlaf bzw. ein sehr gutes Energie-Management. Denken Sie an das Bild der Waage: Sie muss immer im Gleichgewicht sein. Und dies ist nicht der Fall bei einem *Burn-out-*Syndrom, bei Krankheiten oder bei krankhaften Schlafstörungen. Hier gelten andere Regeln als die der Kurzschlaf-Programmierung. In diesen Fällen braucht auch ein trainierter Kurzschläfer zur Regeneration mehr Schlaf als üblich. Damit der Körper die erforderlichen inneren Reparaturarbeiten durchführen kann, insbesondere die Zellregeneration und die psychische Selbstheilung durch Traumarbeit, sollte man jegliche Programmierung ausschalten und den Körper sich so viel Schlaf nehmen lassen, wie er braucht. Vermeiden Sie aber in einem solchen Fall auch die gegenteilige Programmierung „Ich muss jetzt 15 Stunden schlafen". Wichtig ist, loszulassen und den Körper sich selbst zu überlassen.

Das IPL-Programm ermöglicht es, auch einmal eine Nacht durchzumachen. Allerdings fällt der gelegentliche Verzicht auf den Nachtschlaf mit zunehmendem Alter schwerer. Während er für 25-Jährige völlig unproblematisch ist und für 35-Jährige eine Ausnahme darstellen sollte, wird er ab einem Alter von 45 Jahren ziemlich anstrengend.

Auf einen Blick: Verkürzen der Schlafdauer

- Sie können Ihren Körper trainieren, mit weniger Schlaf auszukommen. Bereits nach 14 Tagen hat der Körper sich auf einen kürzeren Schlafbedarf eingestellt.
- Je mehr Zeit Sie dem Körper für die Umstellung geben, desto sanfter verläuft diese.
- Der Kurzschlaf sollte tagsüber durch das Alpha$_2$Training® oder einen Zehn-Minuten-Schlaf ergänzt werden. Dadurch können Sie eine Stunde Schlaf ersetzen.
- Bei Krankheit und definitiver Überanstrengung braucht der Körper mehr Schlaf, damit er innere Reparaturarbeiten durchführen kann. „Schlafen Sie sich gesund."
- Mit Hilfe des IPL-Programms können Sie auch einmal eine Nacht durchmachen.

Schlafstörungen

Ab 35 Jahren entwickeln sich deutlich Tendenzen zu Schlafstörungen, die, wenn man nicht aufpasst, im Alter von ungefähr 50 Jahren etabliert und nur noch schwer rückgängig zu machen sind. Was heißt in diesem Zusammenhang „aufpassen"?

Nun, die meisten Menschen nehmen Schlaf als etwas so Selbstverständliches, dass sie keinen Gedanken daran verschwenden und weder auf Regelmäßigkeit noch auf Qualität Acht geben. Ein fataler Fehler!

Man unterteilt Schlafstörungen in drei Gruppen:

- die *Insomnien*, Phänomene der Schlaflosigkeit: Hierzu gehören: zu wenig schlafen, nicht einschlafen können bzw. zu früh erwachen. Schlaflosigkeit kann ein Zeichen für Depression sein.
- die *Parasomnien*, Phänomene wie Alpträume, Schlafwandeln, Zähneknirschen u. Ä.
- die *Hypersomnien*, Phänomene des zu viel Schlafens. Sie kennzeichnen z.B. Depressionen, bei denen Menschen bis zu 16 Stunden täglich schlafen.

Für einen gesunden Schlafrhythmus ist der Licht-Dunkelheit-Rhythmus wichtig. Sonnenlicht bewirkt, dass das Schlafhormon Melatonin zu Serotonin im Körper umgebaut wird. Zu wenig Serotonin ruft Depressionen hervor, wie sie im Winter in skandinavischen Ländern häufig zu beobachten sind. Da die Sonne auch tagsüber nicht scheint, die Menschen aber trotzdem nicht die ganze Zeit über schlafen können, fehlt ihnen Serotonin. Die Selbstmordstatistiken in den Ländern des hohen Nordens sprechen eine eindeutige Sprache.

Von diesem Mangel sind auch Schichtarbeiter betroffen. Der Körper lässt sich nicht durch künstliches Licht überrumpeln. Wer überwiegend in nächtlicher Dunkelheit wach ist und arbeitet, entwickelt diverse Störungen wie Magengeschwüre, Diabetes und – häufig erst nachträgliche – Depressionen.

Schlaflosigkeit oder zu kurzer Schlaf können Ausdruck einer Manie sein oder umgekehrt eine Manie noch verstärken. Deshalb sollten manische Menschen vorsichtig mit dem Kurzschlaf umgehen.

Fest steht, dass Insomniker, also Menschen, die nicht schlafen können, leiden. Nicht umsonst ist der Schlafentzug eine Foltermethode. Schlaflosigkeit setzt meist dann ein, wenn ein Mensch sich in einer Lebenskrise befindet. Arbeitslosigkeit etwa ist eine solche Krise, in der die Menschen nicht darauf achten, genug zu schlafen. Getrieben von Ängsten und innerer Unruhe versuchen sie sich zu beruhigen, indem sie viel rauchen und Alkohol trinken. Mit dieser gefährlichen Strategie geraten sie irgendwann in den Kreislauf einer Schlafstörung, die sich organisch in einem Proteinabbau im Gehirn niederschlägt.

Ein grober Irrtum besteht in der Annahme, dass das Einschlafen „von selbst" geht. Der Umschaltmechanismus vom wachen in den Schlafzustand erfordert Kraft. Der Körper ist dabei aktiv und auf einen erhöhten Stoffwechsel angewiesen. Eine Stoffwechselaktivierung erreichen wir normalerweise durch Bewegung, und das bedeutet: Mit täglichem Sport wie Laufen, Gehen, Radfahren und Schwimmen können Sie der Schlaflosigkeit abhelfen. Im Normalfall hat ein aktiver Mensch einen guten Schlaf und Ausdauersportler weisen relativ wenige Schlafstörungen auf.

!

Tipps: So wirken Sie Schlafstörungen entgegen

- Bemühen Sie sich um einen regelmäßigen Rhythmus. Gehen Sie möglichst zur gleichen Zeit schlafen, stehen Sie zur gleichen Zeit auf.
- Schlafen Sie während der Nacht. Seien Sie tagsüber wach: Der Körper unterliegt dem Rhythmus von Sonnenlicht und nächtlicher Dunkelheit.
- Alkohol und Zigaretten sind langfristig keine Beruhigungsmittel, sondern sie führen in einen Schlaflosigkeitskreislauf.
- Bewegung aktiviert den Stoffwechsel und unterstützt den Umschaltmechanismus vom Wach- in den Schlafzustand. Wer Schlafstörungen hat, sollte spätestens zwei bis drei Stunden vor dem Schlafengehen laufen.

Der Zehn-Minuten-Schlaf

Wenn Sie tagsüber müde werden, geben Sie der Müdigkeit immer nach. Es hat keinen Sinn, gegen sie anzukämpfen, vielmehr muss man sie „erlösen“. Stellen Sie sich Ihren Organismus als ein Schlafgefäß vor, in dem sich das Schlafbedürfnis kumuliert. Öffnet man einen Hahn, lässt man davon etwas ab, und das Bedürfnis nach Schlaf reduziert sich. Der Zehn-Minuten-Schlaf ist das ideale Mittel dazu. Mit seiner Hilfe gleiten wir in die Müdigkeit hinein, erfrischen uns in kürzester Zeit, um dann wieder schwung- und energievoll auf der Leistungskurve nach oben zu streben. Je öfter Sie den Zehn-Minuten-Schlaf üben, desto stressresistenter werden Sie.

Entscheidend für den Zehn-Minuten-Schlaf ist, dass Sie Ihre innere Uhr genau programmieren. Sie können ihr vertrauen, sie geht auf Zehntel-Sekunden genau. Unser Unterbewusstsein denkt in Bildern. Sehen Sie also vor dem Einschlafen auf die Uhr und stellen sich dann die Aufwachzeit vor. Das Bild des mit auf Aufwachzeit gestellten Ziffernblatts soll dabei vor Ihrem geistigen Auge auftauchen. Am besten stellen Sie sich eine große Bahnhofsuhr vor, deren Zeiger auf die Uhrzeit eingestellt sind, zu der Sie aufwachen wollen. Während Sie dieses Bild vor Augen haben, sagen Sie sich ungefähr zehnmal vor: „Ich wache ganz von selbst um ... Uhr auf und fühle mich danach wach und erfrischt.“

Dass die innere Uhr auf Zehntelsekunden genau geht, zeigen übrigens Versuche mit Skifahrern. Stellt man ihnen die Aufgabe, ihre Slalomstrecke vor ihrem geistigen Auge nachzufahren, und misst dabei die Zeit, so ergeben sich häufig völlige Übereinstimmungen mit der real möglichen Abfahrtszeit der Sportler.

Wenn Sie den Zehn-Minuten-Schlaf üben, stressen Sie sich nicht mit der Vorstellung: „Ich muss einschlafen“. Vielmehr geben Sie sich die Erlaubnis einzuschlafen.

Was passiert nun in den zehn Minuten? Zunächst versetzen Sie Ihr Bewusstsein mit Hilfe der $Alpha_2$-Übungen in die Alpha-Phase, von dort gibt es dann einen Ausschlag nach unten in die Theta-Phase. Dies ist der Punkt, den man als Schnitt empfindet, an dem man den

Faden verloren hat. Wenn dieser Punkt eintritt, haben die Menschen häufig das Gefühl, dass das, was davor geschah, weit zurückliegt. Manchmal haben sie es auch völlig vergessen. Im angloamerikanischen Sprachgebrauch wird dieses kurze Wegnicken als „*nap*" bezeichnet. Auch wenn dieser Übergang wissenschaftlich noch nicht erforscht ist und man nicht weiß, in welcher Schlafphase der „Filmriss" oder „*cut*" geschieht, gibt es für mich eine sehr plausible Erklärung, was in ihm passiert: Die Gedanken werden in diesem Moment ins Unterbewusstsein geladen, weshalb der Kopf anschließend wieder frei ist.

Bei regelmäßiger Übung gelingt es auch denjenigen, die sonst tagsüber nicht einschlafen, spätestens nach einer Woche einzunicken – natürlich nur unter der Voraussetzung, dass sie auch wirklich müde sind.

Der Zustand der Müdigkeit kann sich von Tag zu Tag verschieben, deshalb empfehle ich Ihnen, auf Ihren Körper zu achten und nur dann den Zehn-Minuten-Schlaf einzulegen, wenn Sie ihn wirklich brauchen. Dieser Zeitpunkt ist häufig nach dem Mittagessen erreicht, kann aber auch später sein. Manchmal lege ich auch abends um neun noch einen „Zehner" (so nennen meine Frau und ich liebevoll diesen Kurzschlaf) ein, der mir dann ermöglicht, noch zwei oder drei Stunden konzentriert zu arbeiten. Oder ich mache einen ersten Zehn-Minuten-Schlaf morgens um acht – dann nämlich, wenn ich um vier Uhr früh aufgestanden bin und mich so intensiv mit einer Sache beschäftigt habe, dass ich um acht wieder eine leichte Müdigkeit empfinde. Meist mache ich einen Zehn-Minuten-Schlaf pro Tag, in seltenen Fällen auch zwei. Übrigens kann man nach einem üppigen Mittagessen mit Hilfe des Zehn-Minuten-Schlafs ein Völlegefühl lindern.

Haben Sie anfangs Geduld bei der Durchführung des Zehn-Minuten-Schlafs. Es ist völlig in Ordnung, wenn Sie nicht einschlafen. Der Körper nimmt sich, was er braucht. Und entspannend ist die Übung ohnehin, auch wenn Sie nicht in den Theta-Bereich oder, wie die Engländer sagen, „in den Schlaf fallen".

Übung: Der Zehn-Minuten-Energieschlaf

Legen Sie sich flach auf den Rücken und sehen Sie auf die Uhr. Programmieren Sie sich auf genau zehn Minuten später, indem Sie sich das Ziffernblatt zu diesem Aufwach-Zeitpunkt vorstellen. Während Sie dieses Bild vor Augen haben, sagen Sie sich ungefähr zehnmal vor: „Ich wache ganz von selbst um ... Uhr auf und fühle mich danach wach und erfrischt." Dann schließen Sie die Augen und versetzen sich innerhalb von einer Minute in den Alpha-Zustand (siehe $Alpha_2$Training® Seite 79), indem Sie sich vorsagen:

- Anspannen – 3,2,1 loslassen
- Arme warm und schwer
- Bauch atmet mich
- Farbe Blau erfüllt mich

Nun genießen Sie das Loslassen und erlauben sich einzuschlafen, wann immer die Zeit kommt. Formulieren Sie dazu ausdrücklich den Satz: „Jetzt erlaube ich mir, loszulassen und einzuschlafen."

Ich empfehle Ihnen, in der ersten Zeit sicherheitshalber den Wecker auf einige Minuten nach Ende der Zehn-Minuten-Phase zu stellen. Falls nämlich das innere Programmieren nicht klappt und Sie nicht aufwachen, kann es sein, dass Sie „verschlafen“. Nach über 30-minütigem Schlafen aber produziert der Körper Schlafhormone, und danach werden das Aufwachen und die Umstellung auf Tagesaktivitäten eher qualvoll. So lange dürfen Sie also nicht warten.

Wenn Sie nach zehn Minuten aufwachen, sollten Sie unbedingt die Augen öffnen und nicht mehr schließen, damit Sie nicht wieder einschlafen. Am besten richten Sie sich sofort auf und lassen den Entspannungsschlaf noch ein bis zwei Minuten nachwirken. Ob Sie tatsächlich geschlafen haben, erkennen Sie daran, dass Sie „den Faden verloren“ haben.

Der Bereich „Balance“ gibt Ihnen viele Hinweise, wie und wo Sie aus dem Gleichgewicht geraten sein können. Aktiv können Sie täglich eine Entspannungstechnik wie das Alpha$_2$Training® oder den Zehn-Minuten-Schlaf anwenden.

Die Indikatoren einer guten Balance sind Gesundheit und tiefer, fester Schlaf. Das Inpowerlance-Prinzip®, die Tipps und die Übungen tragen dazu bei, dass Sie Ihre aktuelle Leistungsfähigkeit innerhalb eines halben Jahres verdoppeln können. Die meisten Übungen entfalten ihre Kraft erst durch die konsequente Anwendung.

Tipps

- Wenn Sie während einer Autofahrt ermüden, steuern Sie eine Raststätte an und legen einen Zehn-Minuten-Schlaf ein. Falls Sie einen Termin haben, rufen Sie bei dem Partner an und kündigen eine mögliche Verspätung von zehn Minuten an. So können Sie sich ganz in Ruhe entspannen und erfrischen.

- Fahren Sie zu zweit eine Nacht hindurch, so wechseln Sie sich ab. So kann sich jeder immer wieder mit einem Zehn-Minuten-Schlaf stärken.

- Falls sich in Ihrer Firma der Zehn-Minuten-Schlaf zur Erhöhung der Produktivität noch nicht durchgesetzt hat, können Sie sich in Ihr Auto zurückziehen (evtl. ein kleines Stück zu einer unbeobachteten Stelle fahren). Eine andere Möglichkeit ist es, sich auf eine Toilette zurückzuziehen und dort leicht vornüber gebeugt, die Arme auf die Oberschenkel gestützt, den Zehn-Minuten-Schlaf durchzuführen. Das geht natürlich nur, wenn es genügend Kabinen gibt und man nicht die einzige Kabine blockiert.

- Falls Sie in Ihrem eigenen Büro arbeiten, kündigen Sie Ihren Mitarbeitern Ihren geplanten „Zehner" an und dass Sie nicht gestört werden wollen. Und bestehen Sie immer auf der Formulierung: „Er/Sie erhöht gerade seine/ihre Produktivität" statt: „Er/Sie schläft gerade."

Auf einen Blick: Der Zehn-Minuten-Energieschlaf

Ein zehnminütiger Energieschlaf reicht aus, um ungefähr eine Stunde Schlaf pro Tag zu ersetzen. Nach den zehn Minuten fühlen Sie sich frisch und ausgeruht, aufgetankt mit neuer Energie.

Teil II: Input

ENERGIE TANKEN

Lassen Sie mich dieses Kapitel mit einem Vergleich beginnen: Verantwortungsvolle Hundebesitzer geben ihrem Hund nichts zu naschen, weil Süßigkeiten für ihn ungesund sind. Für den Menschen etwa nicht? Der Hund erhält nur Wasser – und keine Cola –, weil ihm das am besten bekommt. Dem Menschen etwa nicht? Mit ihrem Hund gehen Menschen regelmäßig spazieren, weil er frische Luft und Bewegung braucht. Und der Mensch? Braucht er etwa die Couch vor dem Fernseher? Vielleicht sollten wir doch lieber wieder „auf den Hund kommen"; in mancher Hinsicht wäre das gesund für uns.

In unserer Gesellschaft denken wir im Zusammenhang mit dem „richtigen Input" vor allem an das Essen und vernachlässigen in sträflicher Weise die anderen, nach meiner Erfahrung viel wichtigeren Bereiche. Essen ist oft Lust wegen des köstlichen Geschmacks der Speisen, aber hinsichtlich des Körperbedarfs steht die Nahrungsaufnahme erst an dritter Stelle. Für unsere Leistungsfähigkeit entscheidender sind die Bereiche Atmen und Trinken. Und nicht zu unterschätzen ist auch der Informationsinput. Dieser hat aufgrund der ständig wachsenden Informationsflut ähnliche Auswirkungen wie das Überangebot an Nahrung. Doch betrachten wir zuerst die Bereiche, in denen wir am ehesten unterversorgt sind:

1. Die Atmung

Atem ist Leben. Da wir Menschen über keine Sauerstoffspeicher im Körper verfügen, müssen wir ständig atmen, etwa 14-mal pro Minute. Mit dem Atem bringen wir Sauerstoff in den Körper, der dort für vielfältige Funktionen lebensnotwendig gebraucht wird. Setzt die Atmung aus, sterben wir nach wenigen Minuten. Eigentlich merkwürdig, dass wir diesem wichtigen Bereich so wenig Aufmerksamkeit zuwenden. Auch wenn das Neugeborene nicht lange braucht, bis es begriffen hat, dass und wie es atmen muss, und auch wenn das Atmen für uns etwas so Selbstverständliches ist, dass wir es bewusst nicht mehr wahrnehmen, so beeinflussen Art und Qualität der Atmung doch so entscheidende Bereiche unseres Lebens wie Ausgeglichenheit, innere Schwingung und vor allem den Grad an Energie, die uns zur Verfügung steht.

Was passiert bei der Atmung in unserem Körper? Mit dem Atemzug gelangt Luft in die Lunge, die zu einem großen Teil Sauerstoff enthält. In der extrem verästelten und von Blutgefäßen durchzogenen Lunge geht der Sauerstoff aus der Luft in die Blutgefäße über. Dort heftet er sich an die roten Blutkörperchen, die ihn auf ihrer Reise durch den Körper quasi im Huckepackverfahren zu allen Zellen transportieren. In diesen übernimmt der Sauerstoff eine Art Blasebalgfunktion. In jeder einzelnen Zelle setzt Sauerstoff Energie frei: In einer Muskelzelle bewirkt der Sauerstoff eine kraftvolle Bewegung, in einer Gehirnzelle eine Denkleistung. Wann immer man in einen Ofen Sauerstoff einführt, flammt auch der kleinste Funken zu einem energiereichen Feuer auf, und in gleicher Weise muss man sich die Wirkung von Sauerstoff in allen Körperzellen vorstellen.

Qualität der Atemluft

Wichtig ist, gute Luft mit hohem Sauerstoffanteil einzuatmen. Der eingeatmete Sauerstoff wird im Körper teilweise in Kohlendioxid umgewandelt und als verbrauchte Luft wieder ausgeatmet. Wenn Sie in einem kleinen Schlafzimmer schlafen, dessen Fenster und Türen geschlossen sind, verbrauchen Sie pro Nacht ein Drittel der im Raum enthaltenen Luft. Schlafen Sie mit Ihrem Partner bzw. Ihrer Partnerin in diesem Zimmer, verbrauchen Sie zusammen etwa zwei Drittel dieser Luft. Es empfiehlt sich also dringend, bei offenem Fenster zu schlafen, damit Sie immer frische Luft für einen tiefen erholsamen Schlaf zur Verfügung haben.

Ich kenne viele Menschen, die auch im Winter bei offenem Fenster schlafen und davon schwärmen. Falls Sie zu denjenigen gehören, die lieber in warmen geschlossenen Räumen ihre Nacht verbringen, möchte ich Sie auffordern, Schlaf bei offenem Fenster einfach einmal auszuprobieren: Sie werden begeistert sein.

Besonders deutlich wird der Unterschied in der Luftqualität, wenn man einen Klassen-, Seminar- oder Konferenzraum betritt, in dem stundenlang bei geschlossenen Fenstern und Türen getagt wurde. Es schlägt einem förmlich eine Wolke schlecht riechender, verbrauchter Luft entgegen. Viele Menschen, die sich gemeinsam in einem geschlossenen Raum befinden, verbrauchen schnell den Sauerstoff darin und atmen dann überwiegend Kohlendioxid ein. Bald schon kommt es zu Sauerstoffmangelerscheinungen. Die Wirkung fehlenden Sauerstoffs im Menschen ist die gleiche wie bei einem Ofen, der nicht richtig zieht: Zu wenig Energie ist die Folge. Sauerstoffmangel macht müde, gereizt und verursacht Kopfschmerzen. Bei zu wenig Sauerstoff verschlechtert sich die Stimmung in einem Raum. Die Konzentration der Anwesenden, etwa bei einer Konferenz, erlahmt, und bald schon erreicht man einen toten Punkt, an dem man nicht mehr weiterkommt. Desinteresse hat in solchen Fällen physische Gründe und geht nicht auf einen bösen Willen zurück. Lüften Sie also, sooft es geht. Wenn Sie bei offenem Fenster schlafen und tagsüber regelmäßig, besonders während der Arbeit, die Fenster öffnen, können Sie dadurch Ihre Leistungsfähigkeit deutlich steigern.

„Wie atmet man richtig?“ Zu dieser Frage fällt mir spontan ein Spruch meiner Großmutter ein, den ich als Kind oft hörte: „Die Nase ist zum Atmen da, der Mund zum Essen.“ Heute kenne ich die Zusammenhänge, die sich hinter dieser Volksweisheit verbergen, und weiß, welche Energie wir gewinnen können, wenn wir sie befolgen. Die Nase befeuchtet die Luft, reinigt und wärmt sie. Beim Weg durch die Nase wird die Luft optimal darauf vorbereitet, in der Lunge Energie freizusetzen, sodass dort keine zusätzliche Energie für das Anfeuchten und Aufwärmen mehr aufgebracht werden muss. Man sollte ebenfalls durch die Nase ausatmen, damit die in der Lunge befeuchtete Luft ihrerseits die Nase befeuchten kann. Beim Ausatmen durch den Mund hingegen geht der Nase der nötige Feuchtigkeitslevel verloren, Austrocknung droht und damit der Verlust eines immunologischen Schutzschildes.

Wie steht es mit Ihrem Atmen? Atmen Sie durch die Nase ein und aus? Probieren Sie auch beim Laufen (siehe Seite 150), durch die Nase zu atmen.

Quantität der Atemluft

Neben der Qualität der Atemluft spielt auch die Quantität eine Rolle. Je tiefer Sie ein- und ausatmen, desto mehr Sauerstoff stellen Sie für die Leistung des Gehirns zur Verfügung. Unser Gehirn ist dermaßen kraftvoll, dass es bis zu einem Drittel der Menge an eingeatmetem Sauerstoff verbraucht. Im Gegensatz zu Nahrung und Wasser können wir in unserem Körper keine Atemluft deponieren, sondern müssen uns ununterbrochen Atemluft zum direkten Verbrauch besorgen. Wie können wir aber unsere Zellen, unser Gehirn dauerhaft mit viel Sauerstoff versorgen, ohne ständig an unsere Atmung denken zu müssen?

Die Antwort ist ganz einfach: Betreiben Sie Lungen-Stretching. Atmen Sie jeden Tag zweimal fünf Minuten lang bewusst tief ein und aus. Wenn Sie das konsequent zwei bis drei Monate durchführen, konditionieren Sie Ihren Körper so, dass er aufgrund der Gewöhnung automatisch tiefer atmet und sein Lungenvolumen erhöht. Mit einer trainierten großen Lunge brauchen Sie weniger Atemzüge, um die notwendige Sauerstoffmenge zu erhalten, statt 14-mal pro Minute nur noch 12- oder 10-mal. Dies wiederum spart bis zu 30 Prozent Energie, die Ihnen für andere Prozesse zur Verfügung stehen – und es macht das Leben weniger anstrengend.

!

Tipps

- Wenn Sie während der Arbeit das Bedürfnis nach einer Pause verspüren, legen Sie eine „Atempause" im ursprünglichen Sinne des Wortes ein: Ersetzen Sie die Zigarette oder die Tasse Kaffee durch ein fünfminütiges bewusstes tiefes Atmen in frischer Luft. Öffnen Sie das Fenster oder, wenn dies in einem vollklimatisierten Büro nicht möglich ist, verlassen Sie das Gebäude für wenige Minuten. So verschaffen Sie sich einen positiven Energieschub.
- Haben Sie am Ende eines anstrengenden Arbeitstags das Bedürfnis nach Ruhe und Alkohol? Ich empfehle Ihnen stattdessen einen Spaziergang in ruhiger natürlicher Umgebung. Probieren Sie es einige Tage aus. Sie werden feststellen, dass das Alkoholbedürfnis nachlässt und Sie sich besser entspannen.

Die 4-16-8-Methode

Tiefe Atmung dehnt den Brustkorb und das Zwerchfell. Regelmäßiger Sport unterstützt und beschleunigt diesen Prozess. Radrennfahrer wie auch andere Sportler weisen ein extrem hohes Lungenvolumen auf. Durch das Ausdauertraining sind sowohl ihre Herzen trainiert als auch die Lungen. Sie benötigen deutlich weniger Atemzüge als auch Herzschläge, was eine extrem ökonomische Energieversorgung bedeutet.

Trainieren Sie Ihre Lunge durch Sport und regelmäßige tiefe Atmung. Und wenn Sie nach dem tiefen Einatmen die Luft noch eine Zeitlang anhalten, stärken Sie Ihren Körper optimal.

Die tiefe Atmung ist übrigens ein schönes Beispiel dafür, dass Konsequenz und Regelmäßigkeit beim Durchführen von Übungen weniger schwierig sind, als die meisten Menschen glauben. Was Sie regelmäßig zur gleichen Zeit und am gleichen Ort tun, geht Ihnen in

Übung zum tiefen Atmen: Die 4-16-8-Methode

- Zählen Sie langsam bis vier und atmen Sie dabei tief ein.
- Dann halten Sie die Luft an und zählen bis 16.
- Atmen Sie nun aus und zählen dabei bis acht.
- Wiederholen Sie diese Übung dreimal.

Sollte Ihnen bei dieser Übung anfangs schwindlig werden, brechen Sie sie einfach ab. Ein Schwindelgefühl ist ein Hinweis darauf, dass der Körper zu viel Sauerstoff auf einmal erhalten hat. Führen Sie daher die Übung nicht beim Autofahren durch, solange Sie sie nicht gewöhnt sind. Sinnvoll und einfach ist es, sie zu festgelegten Zeiten durchzuführen, z. B. in der U-Bahn oder im Zug auf dem Weg zur Arbeit. Wenn sie in eine tägliche Routine eingebaut ist, werden Sie sie nicht mehr vergessen und sich quasi nebenher und gleich zu Beginn des Tages stärken.

Fleisch und Blut über. Die Atemübung zeigt beispielhaft, dass es oft ganz einfache Maßnahmen sind, die jedoch sehr rasch wirken und nachhaltig Ihre Leistungsfähigkeit stärken. Sie kosten kaum Zeit. Alles was man braucht, ist das Know-how und natürlich die konsequente, regelmäßige Durchführung. (Weitere Atemübungen finden Sie in meinem Buch „Im Gleichgewicht zu Spitzenleistungen".)

Die Chakren-Atmung

Eine relativ leicht durchzuführende und sehr wirkungsvolle Übung ist die meditative Chakren-Atmung, mit deren Hilfe wir uns wunderbar harmonisieren können, wenn wir in einem desolaten Stresszustand und auch körperlich und nervlich angegriffen sind.

Die Chakren sind feinstoffliche Energieschaltstellen, Zentren an verschiedenen Stellen unseres Körpers, in denen sich dessen Kräfte konzentrieren. Man stellt sie sich als sich ständig drehende Räder vor (Chakra: Sanskrit = „Rad"), die dem Menschen kosmische

Energie zuführen und in seinem Körper verteilen. Auf rein physischer Ebene stehen sie mit unserem Drüsensystem in Verbindung. Solange sie die für uns nötige Energie produzieren, sind wir gesund und in innerer Harmonie.

Die Chakren haben unterschiedliche Funktionen und Farben. Sie sind im Körper übereinander angeordnet, wobei das unterste Chakra (auch erstes bzw. Basis- oder Wurzel-Chakra genannt) zwischen Anus und Genitalien lokalisiert ist und das oberste (auch siebtes bzw. Kronen-Chakra genannt) sich oben auf dem Scheitel befindet. Von unten nach oben weisen die Chakren die Regenbogenfarben auf, von der höchsten bis zur niedrigsten Schwingung. Die unteren drei Chakren werden mit dem männlichen Prinzip, die oberen drei mit dem weiblichen in Verbindung gebracht, während das grüne vierte oder Herz-Chakra beide Teile vereinigt.

Die einzelnen Chakren und ihre Bedeutung:

1. Name:	**Basis- oder Wurzel-Chakra**
Lage:	Steißbein zwischen Anus und Genitalien
Wirkungsebene:	Lebensenergie und Erdung
Verbundene Themen:	Ursprüngliche Lebensenergie, Ausdauer, Urvertrauen, Selbsterhaltung, Durchsetzungsfähigkeit, Stabilität, Beziehung zur Erde und zur materiellen Welt; existenzielle Ängste, Trägheit
Farbe:	Rot

2. Name:	**Nabel- oder Sexual-Chakra**
Lage:	Oberhalb des Schambeins
Wirkungsebene:	Kreativität und Sexualität
Verbundene Themen:	Selbstbewusstsein, Lebensfreude und Vitalkraft, Begeisterung; Suchtverhalten, depressive Stimmungen
Farbe:	Orange

3. Name:	**Solarplexus-Chakra**
Lage:	3 cm oberhalb des Nabels
Wirkungsebene:	Willenskraft und Gefühle
Verbundene Themen:	Persönlichkeit, Macht, Selbstkontrolle, Mitgefühl, Spontaneität, Sensibilität, Konfliktlösungsbereitschaft; Eitelkeit und Neid, Schlaf- und Essstörungen
Farbe:	Gelb

4. Name:	**Herz-Chakra**
Lage:	Brustmitte
Wirkungsebene:	Liebe und Toleranz
Verbundene Themen:	Nächstenliebe, Gefühlswärme, Harmonie, Ausgleich, Verzeihen, Selbstlosigkeit, Hingabe; Überheblichkeit, Verbitterung
Farbe:	Grün

5. Name:	**Kehlkopf-Chakra**
Lage:	Halsmitte
Wirkungsebene:	Kommunikation und Inspiration
Verbundene Themen:	Mentale Energie, Lern- und Konzentrationsfähigkeit, rationales Denken, Klarheit, Wortbewusstsein, Unabhängigkeit; Ruhmsucht, Hemmungen
Farbe:	Blau

6. Name:	**Stirn-Chakra, „Drittes Auge“**
Lage:	Zwischen den Augenbrauen über der Nasenwurzel
Wirkungsebene:	Intuition und Weisheit
Verbundene Themen:	Phantasie, ganzheitliche Wahrnehmung, Vorstellungskraft, Offenheit für neue Ideen, Gedankenkontrolle; Selbstsucht, Aberglaube
Farbe:	Indigoblau oder Dunkelblau

7. Name:	**Kronen- oder Scheitel-Chakra**
Lage:	Mitten über dem Kopf, Scheitel
Wirkungsebene:	Spiritualität und geistige Kraft
Verbundene Themen:	Selbstverwirklichung, Verbundenheit mit dem allumfassenden Wissen, sich als Teil des Göttlichen empfinden, Erleuchtung, Erkennen der Lebensaufgabe; Zurückgezogenheit, Weltfremdheit
Farbe:	Violett

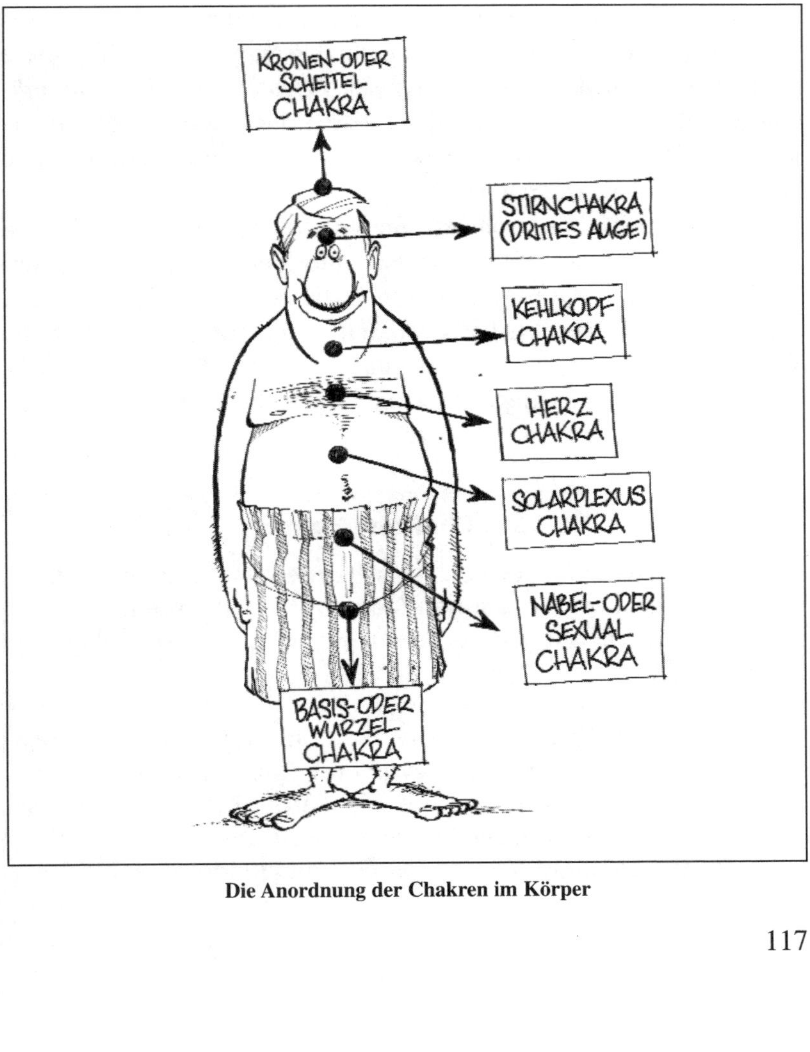

Die Anordnung der Chakren im Körper

Manchmal sind einzelne Chakren blockiert, was zu Gereiztheit und Unwohlgefühl führt. Manchmal arbeiten sie hyperaktiv. Sie können auch „verschmutzt" sein und dadurch vielfältige gesundheitliche Probleme auslösen. Eine meditative Chakren-Atmung kann Blockierungen, Verschmutzungen und Hyperaktivität beseitigen und den Menschen harmonisieren. Sie kann im Stehen, Sitzen oder Liegen durchgeführt werden. Die Gelenke sollen dabei locker und die Wirbelsäule möglichst gerade gehalten werden. Während der Übung konzentrieren Sie sich nacheinander auf die einzelnen Chakren und ihre jeweils dazu gehörigen Farben, sodass die Chakren sanft geöffnet und belebt werden. Lassen Sie alles zu, was Ihnen während der Meditation durch den Kopf geht, ohne diese Gedanken und Bilder zurückzuweisen. Richten Sie Ihre Aufmerksamkeit aber immer wieder auf die Farbe des Chakras, auf das Sie sich gerade konzentrieren. Sie werden anschließend Harmonie und Ausgeglichenheit verspüren.

Während der Übung wandern Sie vom untersten Chakra bis zum obersten. Stellen Sie sich bei jedem einzelnen vor, dass durch das jeweilige Chakra die ihm zugeordnete Farbe in den Körper strömt und sich dort ausbreitet. Falls Sie Schwierigkeiten haben, sich die Farben vorzustellen, können Sie mit speziellen Farbbrillen nachhelfen oder auf einen Gegenstand in der jeweiligen Farbe blicken.

Die Chakren-Atmung

- Setzen (Stellen/Legen) Sie sich bequem hin, schließen Sie die Augen und entspannen Sie sich. Folgen Sie eine Weile Ihrem Atem. Mit jedem Atemzug kehrt tiefere Entspannung ein.

- Wenden Sie Ihre Aufmerksamkeit auf das erste Chakra, unterhalb des Steißbeins, zwischen Anus und Genitalien. Stellen Sie sich vor, wie Sie die Farbe Rot durch dieses Chakra in Ihren Körper hineinatmen. Dann halten Sie die Luft an, solange Sie möchten, und füllen dabei Ihren ganzen Körper, jede einzelne Zelle mit dieser Farbe. Erspüren Sie die Energie und die Wirkung dieser Farbe und des Chakras. Führen Sie diese Atmung durch das Wurzel-Chakra mit der Farbe Rot dreimal durch.

- Nun richten Sie Ihre Aufmerksamkeit auf das Nabel- bzw. Sexual-Chakra oberhalb des Schambeins. Atmen Sie die Farbe Orange durch dieses Chakra ein, halten Sie die Luft an und füllen Sie dabei Ihren ganzen Körper mit dem Orange an. Danach wieder durch das Chakra ausatmen. Atmung insgesamt dreimal durchführen.

- Durch das dritte oder Solarplexus-Chakra, ca. drei Zentimeter oberhalb des Nabels gelegen, atmen Sie die Farbe Gelb in Ihren Körper. Wie zuvor dreimal einatmen, anhalten und ausatmen.

- In der Brustmitte befindet sich das vierte oder Herz-Chakra. Durch dieses atmen Sie anschließend dreimal die Farbe Grün, mit der Sie Ihren Körper füllen.

- Das fünfte oder Kehlkopf-Chakra in der Halsmitte ist das Tor, durch das Sie dreimal die Farbe Blau einatmen.

- Das sechste oder Stirn-Chakra, auch „Drittes Auge" genannt, liegt zwischen den Augenbrauen über der Nasenwurzel. Durch diese Öffnung atmen Sie die Farbe Indigo oder ein dunkles Blau in sich hinein.

- Zum Schluss wenden Sie sich dem siebten oder Kronen-Chakra zu, das sich in der Mitte der Kopfoberseite, ein wenig oberhalb des Scheitels, befindet und violett ist. Diese Farbe atmen Sie durch das Kronen-Chakra dreimal in Ihren Körper und füllen ihn ganz damit aus.

Mit dieser Übung kommen Sie innerhalb kürzester Zeit wieder in die Balance, an den Punkt mitten auf der Stresskurve, an dem Leistung und Wohlbefinden am höchsten sind. Probieren Sie die Übung aus, Sie werden verblüfft sein. Anfangs stand ich dieser Übung etwas skeptisch gegenüber, doch hat mich jedes Mal aufs Neue die Wirkung überzeugt, sodass die Chakren-Atmung mittlerweile zu einem festen Bestandteil meines morgendlichen Energie-Rituals geworden ist.

Auf einen Blick: Unsere Atmung

- Atmen Sie frische Luft, um ausreichend mit Sauerstoff versorgt zu sein: Schlafen Sie bei geöffneten Fenstern, lüften Sie regelmäßig, gönnen Sie sich „Atempausen", wenn Sie erschöpft sind.

- Atmen Sie durch die Nase.

- Atmen Sie zweimal täglich fünf Minuten bewusst tief ein und aus. So erhöhen Sie Ihr Lungenvolumen.

- Eine bewusste, achtsame Atmung ist die Grundlage für Energie und Leistungsfähigkeit.

- Die meditative Chakren-Atmung harmonisiert Körper und Geist.

2. Die Trinkmengenformel

Ein weiterer Input-Faktor ist die Flüssigkeit, ohne die wir nicht (über)leben können. Wir bestehen zu ca. 60 Prozent aus Wasser und brauchen täglich viel Flüssigkeit, um Austrocknung zu verhindern und unsere Lebensenergie auf einem optimalen Level zu halten. Immerhin halten wir ohne Flüssigkeitszufuhr länger aus als ohne Atemluft: maximal 17 Tage. Dieser traurige Rekord wurde jedenfalls von einem österreichischen Häftling aufgestellt, der in einem alten Gemeindegefängnis einfach vergessen wurde und in einem kühlen und feuchten Raum ohne Nahrung und Flüssigkeit so lange überlebte.

Bei der Betrachtung der Flüssigkeitszufuhr für den Organismus sind zwei wesentliche Fragen von Bedeutung:

1. Wie viel trinken Sie?
2. Was trinken Sie am häufigsten?

Zu 1: Die Bedeutung einer ausreichenden Trinkmenge für unsere Leistungsfähigkeit lässt sich am besten anhand eines Vergleichs darstellen: Trinken wir zu wenig, so funktionieren wir wie eine Dampflok ohne genügend Wasser. Obwohl der Heizer ständig Kohle nachschaufelt, kommt sie nicht so recht von der Stelle, da die Übertragung von der Energiefreisetzung zur -umsetzung fehlt. So wie der Wasserdampf bei der Lokomotive die Räder antreibt, so braucht der Mensch ausreichend Wasser, damit alle seine inneren Systeme miteinander kommunizieren und funktionieren.

A propos funktionieren: Bei Kleinkindern funktioniert die Empfindung von Durst noch ausgezeichnet. Sie schreien schon beim geringsten Flüssigkeitsmangel. Allerdings dauert es einige schlaflose Nächte, bis Eltern entdecken, dass es der Durst ist, der die Kinder (und die Eltern) quält.

Trinken Sie nach dem Grundsatz: Lieber zu viel als zu wenig, denn man kann dem Körper kaum zu viel Wasser zuführen. Man hört häufig die Angabe, man solle täglich 1,5 bis 3 Liter Flüssigkeit zu sich nehmen. Große Menschen brauchen mehr als kleine, dicke mehr als dünne. Da Menschen sehr unterschiedliche körperliche Voraussetzungen haben, war ich bisher nie so recht glücklich über diese vage Angabe. Hilfreich scheint mir da die folgende Trinkmengenformel. Mit ihr können Sie leicht herausfinden, wie viel Flüssigkeit Sie persönlich brauchen.

Tipp: Die Trinkmengenformel

So ermitteln Sie Ihren persönlichen Trinkbedarf:

Körpergewicht x 0,035 = der tägliche Trinkbedarf

Der durchschnittliche Wasserverlust durch Schwitzen, Atmen und „Wasserlassen" liegt pro Stunde bei ca. 0,15 Prozent des Körpergewichts. Um den Wasserverlust des Körpers auszugleichen, brauchen Sie daher ca. 3,5 Prozent Ihres Körpergewichts pro Tag an Wasserzufuhr (zusätzlich zu der in der festen Nahrung enthaltenen Flüssigkeitsmenge). Berechnen Sie Ihren Trinkmengenbedarf pro Tag oder pro Stunde und halten Sie Ihre Systeme so gezielt in Fluss.

Beispiel: Bei einem 80 kg schweren Menschen ergibt sich für den Normalfall folgender Flüssigkeitsbedarf:

80 kg x 3,5 Prozent = 2,8 Liter pro Tag oder
80 kg x 0,15 Prozent = 0,12 Liter pro Stunde (ca. ein Achtel Liter)

Die Trinkmengenformel bezieht sich auf einen normalen Flüssigkeitsverbrauch. Bei verstärktem Schwitzen durch Hitze oder Sport braucht man natürlich mehr Flüssigkeit. Beispielsweise braucht der Skistar Hermann Maier beim Gletschertraining ca. acht bis zwölf Liter pro Tag.

Die meisten von Ihnen stellen wahrscheinlich nun fest, dass Sie zu wenig trinken. Mit Hilfe der Trinkmengenformel können Sie Ihren Wasserhaushalt genauer managen und so Mangelerscheinungen wie Kopfschmerzen, Müdigkeit und geistige Trägheit vermeiden.

Zu 2: Die einfache Regel der optimalen Flüssigkeit für den menschlichen Input lautet: Je natürlicher, desto besser. Die ideale Flüssigkeit, mit der Sie dem Körper reine Lebensenergie zuführen, ist Wasser, und zwar möglichst reines Leitungs- oder stilles Mineralwasser. Wasser ist der Grundstoff, aus dem unser Körper besteht; in Form von Wasser erhält der Organismus die höchste Energie. Die meiste Energie wird freigesetzt, wenn Sie lauwarmes Wasser trinken. Dann wird keine Energie zur Wassererwärmung verbraucht, wie dies der Fall ist, wenn man eiskaltes Wasser trinkt.

Betrachten wir im Einzelnen, wie das Wasser die Leistungsfähigkeit steigert. Einen Aspekt habe ich bereits genannt: den der besseren Kommunikation der körpereigenen Systeme. Darüber hinaus verdünnt ausreichendes Wasser unser Blut. Verdünntes Blut hat eine bessere Fließeigenschaft und versorgt die Gehirn- und alle anderen Zellen verstärkt mit Sauerstoff. Sie erinnern sich: An den roten Blutkörperchen haften die Sauerstoffmoleküle – wenn sie nicht von den Kohlenmonoxidmolekülen daran gehindert werden.

Haben Sie nun Durst bekommen? Interessanterweise bekommen die Menschen oft Durst, wenn sie etwas über das Thema Flüssigkeit hören oder lesen. Lenkt man ihre Aufmerksamkeit auf den Flüssigkeitsbedarf, so erkennen sie ihren aktuellen Mangel. In meinen Seminaren stehen immer Wasserkrüge und Gläser bereit mit dem Effekt, dass die Teilnehmer regelmäßig Wasser trinken. Auch diejenigen, die dies normalerweise nicht tun, äußern meist erstaunt, wie gut ihnen das Wasser tut und auch schmeckt.

In den vergangenen Jahren konnte ich durch meine Seminarerfahrungen immer wieder feststellen, wie einfach es ist, sein System durch den richtigen Input zu stärken: durch frische Luft und reines Wasser, natürlich und kraftvoll und in unseren Breiten meist im Überfluss vorhanden.

Auch wenn die Tabak- und die Getränkeindustrie uns mit geschickten Vermarktungsstrategien glauben machen wollen, dass es gut ist zu rauchen oder solche Getränke zu sich zu nehmen, die mit Wasser höchstens noch die Fließeigenschaft gemeinsam haben, sollten wir uns die Entscheidung darüber, was wir unserem Körper

!

Tipps zum ausreichenden Trinken

- Falls es Ihnen schwer fällt, ausreichend zu trinken, und Sie das Trinken immer wieder vergessen (oder auch nicht mögen), so hilft Ihnen Folgendes: Stellen Sie sich einen Krug Wasser und ein Glas auf Ihren Schreibtisch. Achten Sie darauf, dass das Glas immer gefüllt ist. So ist der spontane Griff zum Wasserglas jederzeit möglich – und er wird auch erfolgen. Wenn Ihr Krug eineinhalb Liter fasst, sollte er abends leer sein. Sie werden die positiven Wirkungen schätzen lernen.
- Arbeiten Sie viel unterwegs, nehmen Sie sich eine große mit Wasser gefüllte Leichtflasche mit. Vor allem bei längeren Autofahrten sollte man immer wieder trinken, um Konzentration und Reaktionsvermögen zu erhalten.

zuführen, nicht aus der Hand nehmen lassen. Achten Sie nicht nur auf die Primär-, sondern auch auf die Nebenwirkungen. So mancher so genannte „Energy-Drink“ wirkt zwar rasch, führt aber mit der Zeit oft zu nachhaltigen Schlafstörungen. Sauerstoff und Wasser aber wirken langfristig positiv und mit der einzigen Nebenwirkung, dass Sie Geld sparen und sich vor Abhängigkeit bewahren. Unser Körper weiß genau, was er braucht.

Auf einen Blick: Flüssigkeit

- Die täglich ausreichende Flüssigkeitsmenge richtet sich nach individuellen Gegebenheiten wie Körpergewicht und Schweißabsonderung. Sie lässt sich für jeden Einzelnen anhand der Trinkmengenformel berechnen.

- Wasser, bei Zimmertemperatur getrunken, liefert reine Energie.

- Wasser verdünnt das Blut, verbessert seine Fließeigenschaften, versorgt dadurch die Körperzellen besser mit Sauerstoff und verhindert Krankheiten.

- Frisch gepresste Obst- und Gemüsesäfte ergänzen die Wasserzufuhr sinnvoll.

- Getränke wie Kaffee, schwarzer Tee, Alkohol, zuckerhaltige Limonaden und so genannte „Energy-Drinks" sind langfristige Energie- und Leistungsdämpfer.

3. Ernährung: Das Körperwissen (wieder)erwecken

Qualitative Aspekte der Ernährung

Auf die Frage, was die „richtige" Ernährung ist, werden Sie von 50 verschiedenen Experten 50 unterschiedliche Antworten erhalten. Zu den jahrzehntelangen Diskussionen um schlank machende Diäten haben sich in den letzten Jahren die Gesprächsrunden über gesunde Lebensweise und unbelastete Nahrungsmittel gesellt. Aber kann es überhaupt „die" eine richtige Ernährungsweise geben? Das Postulat der menschlichen Einzigartigkeit und Individualität kann doch an diesem einen Punkt nicht seine Gültigkeit verloren haben. Nicht nur verfügt jeder Mensch über seinen ganz eigenen Charakter, sondern auch über einen Körper, der mit keinem zweiten auf der ganzen Welt identisch ist. Jeder Körper reagiert anders und entwickelt eigene Bedürfnisse. Die Geschmäcker sind verschieden, und diese alte Weisheit gilt es zu respektieren.

Aufgrund der menschlichen Einzigartigkeit sollte jeder seine ideale Ernährung selbst herausfinden. Das mag zwar unbequem sein – schließlich ist es leichter, wenn man klar gesagt bekommt, welche Nahrungsmittel „gut" und welche „schlecht" sind –, aber im Hinblick auf die individuelle Leistungsfähigkeit gibt es nur einen Weg: herauszufinden, was für einen selbst gut ist.

Ich nenne diese Ernährungsweise die intuitive Ernährung. Sie stellt hohe Anforderungen an den Menschen, der oft mühsam wieder lernen muss, auf den Körper zu hören. Die Sprache eines Körpers, der im Laufe seines Lebens große Mengen an Zucker, Koffein, Nikotin und anderen abhängig machenden Substanzen konsumiert hat, ist kaum noch zu verstehen. Wenn wir uns unserer Abhängigkeit bewusst werden und sie allmählich überwinden, können wir die wahren Bedürfnisse unseres Organismus entdecken – die des Körpers ebenso wie die der Seele.

Unterscheiden Sie dabei zwischen Körper- und Seelennahrung. Körpernahrung ist das, was dem Körper gut tut, was er zu einem bestimmten Zeitpunkt braucht, um die gewünschte Leistung zu erfüllen. Kindern im Wachstum „schmeckt" Milch. Diesem Wohlgeschmack liegt das intuitive Wissen zugrunde, dass das für den Knochenaufbau benötigte Calcium in großer Menge in der Milch enthalten ist. Der so genannte „Heißhunger" auf bestimmte Speisen, der Menschen befällt, ist ein deutliches Signal, dass sie gerade genau deren Inhaltsstoffe benötigen. Daher kann ein und dieselbe Speise an einem Tag durchaus ideal sein und schon am nächsten verschmäht werden. Haben Sie also Lust auf eine bestimmte Speise, so geben Sie diesem Bedürfnis nach. Wenn Ihnen dann dieselbe Speise nicht mehr schmeckt, akzeptieren Sie dies. Der Körper ist wählerisch, und er „weiß" normalerweise, was er will.

Die Seelennahrung hingegen tut der Seele gut und beeinflusst die Emotionen. Wenn es uns schlecht geht, kann vielleicht ein Stück Schokolade Trost spenden. Schokolade bewirkt nämlich, dass das körpereigene Antidepressivum Serotonin produziert und dadurch eine düstere Grundstimmung aufgehellt wird. Den gleichen Effekt können wir übrigens auch durch aerobes Laufen erzielen, worauf ich noch ausführlich eingehen werde.

Seelen- und Körpernahrung stehen oft in einem Konflikt zueinander: Was der Seele gut tut, ist nicht unbedingt günstig für den Körper. Lernen Sie also, zwischen Körper- und Seelennahrung zu unterscheiden, und essen Sie in dieser Hinsicht bewusst. Achten Sie darauf, dass die Körpernahrung überwiegt. Körper- und Seelennahrung sollten in einem Verhältnis von 80 : 20 stehen. Mit diesem

?

Wie ist das Verhältnis zwischen Körper- und Seelennahrung in Ihrer Ernährung? Lassen Sie Ihre Essgewohnheiten der letzten drei Tagen Revue passieren. Notieren Sie jede Speise, die Sie in den letzten drei Tagen eingenommen haben, und schreiben Sie dazu, ob es sich dabei jeweils um eine Körper- (K) oder Seelennahrung (S) handelte. Zählen Sie zusammen, wie oft Sie K oder S notiert haben. Trifft das Verhältnis 80 : 20 zu?

Verhältnis steigern Sie Ihre tägliche Leistungsfähigkeit auf jeden Fall.

Quantitative Aspekte der Ernährung

Welche Regeln gelten für die *Quantität* unserer Ernährung? Hier gibt es eine ganz schlichte Antwort: Ich behaupte, dass jeder, der nicht sein Idealgewicht hat, zu viel isst – krankheitsbedingte Ursachen einmal ausgenommen. Ein ideales Gewicht ist der Normalzustand, und der wird nur durch falsches Essverhalten verhindert. Die meisten Menschen meinen, nicht genug zu essen zu bekommen, und essen auf Vorrat. Haben Sie schon einmal versucht, mit voll gestopftem Bauch eine gute Leistung zu erbringen? Unmöglich.

Stellen Sie sich Ihren Körper als ein Gefäß vor. Schüttet man Wasser in einen Becher, so füllt er sich zunächst bis zum Rand. Gießt man dann immer noch weiter, so läuft das überschüssige Wasser einfach über und ab, der Becher kann nicht voller als voll werden. Anders verhält es sich beim menschlichen Körper. Stopft man mehr in ihn hinein, als er braucht, so fließt das überschüssig Zugeführte nicht einfach ab, sondern wandelt sich in Fett um, das sich in die Körperzellen einlagert. Zum Einlagern wiederum braucht der Körper Energie. Diese Energie bezeichne ich als Primärenergie, da sie allen anderen Systemen abgezogen wird – ein inneres Programm des Menschen, das durch die Verdauung das Überleben sichert. Wenn nun bei übermäßigem Essen alle Energie auf die Verdauung gerichtet ist, bleibt für andere Prozesse, z. B. im Gehirn oder in den Muskeln, keine Energie mehr übrig.

Eine Überfettung des Organismus sollte aus verschiedenen Gründen unbedingt vermieden werden: Nicht nur belastet sie den Körper mit träger Masse, die nichts leistet und den ganzen Tag herumgetragen werden muss, sondern sie schränkt auch die Gesundheit drastisch ein. Fetteinlagerungen in Gefäßen führen zu Gefäßverengungen. Sauerstoff kann nicht mehr in ausreichender Menge in die Körperzellen, also auch nicht in die Gehirnzellen, transportiert

?

Lassen Sie noch einmal Ihre Essgewohnheiten der letzten drei Tage Revue passieren. Betrachten Sie die bereits bei der letzten Einkehr erstellte Liste und bewerten Sie bei jeder Speise, ob die jeweilige Menge Ihren Körperbedürfnissen entsprach. Falls die Menge richtig war, notieren Sie „100 %". Haben Sie sich nach dem Essen noch hungrig gefühlt oder hätten Sie noch mehr essen können, haben es aber nicht getan, so reduzieren Sie entsprechend den Prozentwert. Bei einem Übersättigungs- und allgemeinen Unwohlgefühl erhöhen Sie diesen („130 %" oder „150 %").

werden. Müdigkeit, Konzentrationsprobleme und eine abfallende Leistungskurve sind die Folge davon. Zusätzlich fehlt Ihnen bei übermäßigem Essen ja auch noch die durch die Verdauung blockierte Energie für Aufmerksamkeit, Konzentration und die Denkleistung des Gehirns.

Es gibt verschiedene Modelle, den Schlankheits- bzw. Verfettungsgrad des Körpers zu berechnen. Eine genaue Auskunft über den Fettgehalt Ihres Körpers gibt Ihnen eine in der Apotheke erhältliche Fettwaage, die den prozentualen Anteil von Fettzellen in Ihrem Körper ermittelt. (Zu den empfohlenen Körperfettanteilen siehe Tabelle im Anhang.)

Der *Body-Mass-Index* (BMI, dt: Körpermasse-Index) ist eine eher ungenaue Maßzahl, die Körpergewicht und -größe zueinander in Beziehung setzt, den Fettgehalt aber vernachlässigt. Ein Mensch mag zwar ein „normales" Gewicht haben, doch kann sich dahinter ein ungesund hoher Fettanteil verbergen, wenn beispielsweise der Muskelanteil gering oder das Knochengewicht leicht ist. Falls Sie jedoch keine Fettwaage haben, sollten Sie den Body-Mass-Index beachten (siehe Tabelle im Anhang).

Welche Strategien können wir anwenden, um zu verhindern, dass dem Körper zu viel Nahrung zugeführt wird? Zur Vermeidung von Überernährung gibt es einen einfachen Trick: Er heißt *„Mahl-Zeit"*, ein Begriff, den wir täglich verwenden. Betrachten wir die

Bedeutung dieses Wortes einmal genauer, stellen wir fest, dass in ihm zwei wichtige Ernährungsgrundsätze stecken:

1. In dem Wort „mahlen“ ist die Aufforderung enthalten, die Nahrung so lange im Mund zu zermahlen, bis sie ein weicher Speisebrei ist. Erst dann sollte man sie hinunterschlucken, denn im weiteren Verdauungsprozess gibt es keine Mahlinstrumente mehr. Die restliche Aufbereitung erfolgt chemisch. Je besser gekaut wird, die Speise im Mund also zu einem Brei zermahlen wird, desto weniger Aufwand ist im Magen und Darm für die weitere Zerlegung der Speisen erforderlich.
2. Das Wort „Zeit“ beinhaltet die Aufforderung, sich zum Essen Zeit zu nehmen. Dadurch geben Sie dem Magen Gelegenheit, das Sättigungsgefühl weiter ans Gehirn zu leiten. Essen Sie rasch, erreicht Sie diese Botschaft erst, nachdem schon weitere Nahrung unterwegs ist – und damit zu spät. Sie werden merken, dass Sie durch langsames Essen auf natürliche Weise weniger zu sich nehmen, jedoch mit mehr Lustgefühl und Geschmacksempfinden.

Zum Zeitfaktor gehört übrigens auch, zwischen den einzelnen Gängen eine mindestens fünfminütige Pause einzulegen. In dieser Zeit entscheidet der Körper darüber, ob ein weiterer Gang angemessen ist oder besser ausfallen sollte. Besonders Büffets bieten sich als wunderbares Übungsfeld an. Hier kann sich jeder so viel nehmen, wie er möchte, und es fällt nicht auf, wenn Sie einen Gang ausfallen lassen. Wenn Sie merken, dass Sie nach dem Salat schon gesättigt sind, entscheiden Sie, ob Sie noch eine kleine Portion der Hauptspeise nehmen oder diese zugunsten der Nachspeise einfach streichen.

Wenn Sie Ihre Nahrung gründlich kauen und dem Körper genügend Zeit für eine Rückmeldung über eventuelle Sättigungsgefühle geben, werden Sie sich nach dem Essen leistungsfähig und wohl fühlen. Ein eindrückliches Beispiel aus der Tierwelt liefert hierfür den besten Beweis: Vergleichen wir das Fressverhalten von Kuh und Pferd miteinander, so könnte der Unterschied kaum größer ausfallen.

Während die Kuh das Gras in atemberaubendem Tempo hinunterschlingt, kaut das Pferd ausführlich. Die Kuh mit ihren sieben Mägen aber braucht eine ungleich längere Verdauungszeit als das Pferd. Vergegenwärtigen wir uns die vor sich hinkauende Kuhherde auf der Alm, so haben wir ein ziemlich statisches Bild vor Augen. Anders hingegen das Pferd, das nach dem Essen gleich wieder leistungsfähig ist und sich anschließend auf der Koppel austollt, dynamisch und kraftvoll.

Im Gegensatz zu den Tieren haben wir Menschen die Wahl. Und diese sollten wir auch ganz bewusst treffen. Wichtig ist, dass wir aus einem ungesunden Gewohnheitstrott ausbrechen und ganz bewusst nur essen, was wir brauchen, und nicht etwa, weil traditionell zu einem „anständigen" Mittagessen eben drei Gänge gehören (auch eine Art von Leistungszwang). Obwohl ich gern Salat esse, stelle ich hin und wieder fest, dass ein am Büffet zusammengestellter Salat in einer bestimmten Situation nicht das Richtige für mich ist. Dann folge ich meinem Körper, lasse den Salat stehen, obwohl er gesund ist, und versuche mein eigentliches Nahrungsbedürfnis zu ermitteln und zu befriedigen. Wir sollten unseren Körper schon genug lieben, um seinen Signalen zu folgen.

Ideal ist es, wenn wir uns während des Essens ausschließlich auf dieses konzentrieren. Wäre doch schade drum, wenn wir durch Zeitungslektüre vom Essen gar nichts mitbekämen, oder noch schlechter: wenn wir die Negativmeldungen aus Zeitung oder Fernsehen nicht nur hören oder sehen, sondern auch noch in uns hineinschlucken.

So günstig die Vergrößerung von Lunge und ihrem Volumen durch Lungen-Stretching ist, so ungünstig ist andererseits ein großer bzw. überdehnter Magen. Bei diesem Organ sollten wir nicht *Stretching*, sondern *Shrinking*, also eine Art Magenschrumpfung, anstreben. Ein kleiner Magen signalisiert schneller ein Sättigungsgefühl und verhindert, dass wir uns mit Nahrung überfrachten. Diese Situation fördern wir, indem wir mehrere kleine Mahlzeiten über den Tag verteilen.

Lassen Sie sich im Bereich der Ernährung ruhig von einem „Quer-Denker" leiten: Anstatt sich nach überholten Regeln zu richten, die starre Mahlzeiten wie Frühstück, Mittag- und Abendessen vorschreiben, geben Sie Ihrem Körper häufiger kleinere Portionen. Lassen Sie ruhig einmal das Frühstück ausfallen, wenn Sie nach einem opulenten Abendessen morgens immer noch satt sind. Oder streichen Sie gegebenenfalls eine andere Mahlzeit. Wenn sich dann Ihr Körper meldet, befriedigen Sie das Hungergefühl mit einer Kleinigkeit. Versorgen Sie sich, z.B. bei der Arbeit, mit genügend Obst für den kleinen Hunger zwischendurch. Schon ein Apfel oder ein Joghurt können hier Abhilfe schaffen, ohne gleich den Körper mit zu vielen Kalorien zu belasten. Ausreichende Zwischenmahlzeiten dieser Art verhindern nagenden Hunger und erlauben uns, die Hauptmahlzeiten zu verkleinern. Wenn man sich regelmäßig auf diese Weise ernährt, passt sich der Magen der geringeren Menge an, meldet schnell ein Sättigungsgefühl und hilft so abzunehmen oder ein geringes Gewicht zu halten.

Dinner-Cancelling

Nehmen Sie sich vor, einmal in der Woche ab 18 Uhr nichts mehr zu essen und stattdessen nur noch Wasser zu trinken. So ist, wenn Sie zu Bett gehen, der Magen bereits geleert und ein Großteil der Verdauungsarbeit geleistet. Der Magen-Darm-Trakt kann sich regenerieren, die inneren Energien werden freigesetzt und für Reparaturarbeiten genutzt. So wie ein Kranker oft keinen Hunger hat und sein Körper sämtliche Energien anstatt für die Verdauung für die Zellregeneration aufbringt, so können auch Sie einmal einen „Service"-Tag pro Woche einlegen: nach einer bestimmten Uhrzeit aufhören zu essen und bei Hungergefühl ausschließlich (lauwarmes) Wasser trinken. Am nächsten Tag fühlen Sie sich nicht nur stolz, sondern auch wohl. Wahrscheinlich verlieren Sie an diesem Abend an Gewicht, und Schlacken werden aus dem Körper ausgeschieden. Um diesen Reinigungsprozess zu unterstützen, sollten Sie am nächsten Morgen wieder viel Wasser trinken. Setzen Sie am besten gleich einen Tag fest, an dem Sie abends fasten.

Eine Seminarteilnehmerin verzichtete konsequent einmal in der Woche auf ihr Abendessen, hielt sich darüber hinaus an die Trinkmengenformel und lief regelmäßig nach meinen Anweisungen aerob. Tatsächlich hatte sie dadurch nach einem Jahr 17 Kilo Körpergewicht verloren. Beeindruckend daran war, dass sie ansonsten ihre Ernährungsgewohnheiten nicht verändert und schon gar nicht irgendwelche Diäten oder Hungerkuren eingelegt hatte. Allein durch die konsequente Einhaltung dieser drei Tipps, was ja kaum in ihr Leben eingriff und ihr höchstens einen Lustgewinn bescherte, konnte sie dieses erfreuliche Ergebnis erzielen. Diese Frau ist übrigens bei weitem nicht die Einzige, wenngleich die Rekordhalterin, die mit dieser Methode Erfolg hatte. Die meisten anderen hatten nach sechs bis neun Monaten ungefähr zehn Kilo abgenommen.

Haben Sie keine Angst vor Hungergefühlen! Auch schlanke Menschen haben zwischen zwölf und 15 Prozent Fett, die der Körper im Bedarfsfall nutzt, aber auch schnell wieder auffüllt. Natürlich plädiere ich hier nicht für quälenden, nagenden Hunger. Aber warten Sie mit dem Essen ruhig so lange, bis sich Ihr Magen meldet. Es spricht nichts dagegen, wenn man ein Hungergefühl sich entwickeln lässt. Es eine kurze Zeit lang zu ertragen ist nicht ungesund. Wenn Sie hin und wieder einen Fastentag einlegen oder eine längere Zeit fasten, werden Sie die Erfahrung machen, dass der Körper problemlos auf den Reservebereich umschalten kann. Sie dürfen dem Hungergefühl also ruhig eine Weile nachspüren und dabei herausfinden, auf was Sie Hunger haben.

Hungergefühl zu ertragen ist wahrscheinlich auch deshalb für uns Menschen so schwer, weil es dem in uns ursprünglich verankerten Bedürfnis nach Speicherung entgegensteht. In uns scheint es einen inneren Befehl zum Vorratsessen zu geben, der lautet: „Iss möglichst viel, wenn du was zu essen hast, und leg dir den Vorrat in Form von Fett an." Fett nämlich lässt sich im ganzen Körper leicht speichern. Alles was über den Hunger hinaus gegessen wird, legt der Körper in Fettdepots ab. Äußere Fettlager sind gut sichtbar: bei Männern vornehmlich am Bauch, bei Frauen im Oberschenkel- und Hüftbereich.

Es gibt viele Menschen, die dick sind, obwohl sie nur einmal pro Tag essen. Ihr Fehler ist, dass sie dann „zuschlagen", also extrem viel essen, und dies meist abends, wenn sie genug Zeit haben. Dabei wird der Magen-Darm-Bereich stark belastet, was während der Nacht besonders ungünstig ist, da er hier ruhen und nicht auf Hochtouren mit Verdauungsarbeit beschäftigt sein sollte. Tagsüber wird der Körper dann nicht genügend versorgt, sodass er unter Vitamin- und anderem Nährstoffmangel leidet oder „unterzuckert". (Genaueres über den Zucker siehe nächstes Kapitel.) Die Folge von solchen einzigen, abendlichen Mahlzeiten ist eine reduzierte Leistungsfähigkeit.

Absolut leistungstötend aber ist ein üppiges Mittagsmahl. Dieses bindet viel Energie, die zur Verdauung gebraucht wird und für andere Bereiche wie Denkleistung oder Muskelkraft fehlt. Sie selbst haben sicher schon einmal die Erfahrung bleierner Müdigkeit nach einem reichhaltigen Mittagessen gemacht. Befreien Sie sich vom Leistungszwang des Viel-Essens, wenn Sie echte Leistung erbringen wollen.

Ein weit verbreitetes Hindernis für funktionierende Körpersignale sind übrigens mentale Programmierungen, die wir seit Kindertagen in uns haben: „Iss deinen Teller leer, sonst ... wird es regnen/wirst du nicht wachsen/gibt es keinen Nachtisch ..." und was an Drohungen sonst täglich in uns eingespeichert wurde, wirkt unbewusst leider immer noch in uns nach. Das Gebot, den Teller leer zu essen, haben wir gründlich verinnerlicht und gestatten uns nicht, Reste übrig zu lassen. Sobald dies nämlich einmal geschieht, reagiert unser Schuldbewusstsein, und diesem ständigen Druck wollen und können wir auf Dauer nicht standhalten. Erst wenn wir uns unsere Programmierungen bewusst machen, können wir sie überwinden und durch ein neues Gebot ersetzen, das nämlich, auf unseren Körper zu hören und dann mit dem Essen aufzuhören, wenn wir satt sind.

Auf einen Blick: Strategien gegen Überernährung

- Durch gründliches Kauen, „mahlen", entlasten wir den Körper im weiteren Verdauungsverlauf und sparen viel Energie.
- Langsames Essen und Pausen zwischen den Gängen geben dem Körper ausreichend Zeit, durch Sättigungsgefühle zu signalisieren, wann er genug hat.
- Kleine Zwischenmahlzeiten und weniger opulente Hauptmahlzeiten führen zu einer Verkleinerung des Magenvolumens, was schneller Sättigungsgefühle signalisiert und uns dabei hilft, weniger zu essen.
- Indem wir uns alte Programmierungen aus der Kindheit bewusst machen, können wir gegen sie angehen.

4. Über Rauchen, Kaffeetrinken, Alkohol und Zucker

Was passiert beim *Rauchen*? Vermindert es die Leistungsfähigkeit oder erhöht es sie, wie viele Raucher meinen?

Da gibt es zunächst die offensichtlich negativen Aspekte: Durch das Rauchen verringert sich die Gehirndurchblutung. Es kommt zu Sauerstoffmangel und gelegentlichen Schwindelgefühlen. Beim Lungenzug atmen Sie vor allem Kohlenmonoxid ein. Dieses heftet sich wie eine klebrige Masse an die roten Blutkörperchen und verhindert, dass diese Sauerstoff transportieren. Kohlenmonoxid ist übrigens auch das giftige Abgas aus dem Autoauspuff. Wenn zu wenig Sauerstoff im Körper zirkuliert, kann das Gehirn weniger leisten, was sich merklich in einer allgemeinen Leistungsminderung niederschlägt.

Trotz dieser offensichtlich schädlichen Wirkungen scheinen Raucher sich nach einer Zigarette wohl zu fühlen. Warum? In der Zigarette ist Nikotin enthalten. Dieses erhöht die Kurzspeicherkapazität des Gehirns und dämpft die schädliche Wirkung des Kohlenmonoxids. Es bewirkt einige Minuten lang einen Nervenkick. Doch gibt es da einen Haken: Die Halbwertzeit von Kohlenmonoxid beträgt fünfeinhalb Stunden, die des Nikotins nur ca. eine Stunde. Mit Halbwertzeit bezeichnen wir die Zeit, die der Körper benötigt, um eine Substanz zur Hälfte abzubauen. Kohlenmonoxid bleibt mit seinen negativen Auswirkungen also über fünfmal so lange im Körper wie Nikotin. Aus meiner Sicht können Raucher daher bei diesem Spiel nur verlieren. Der Gewinner ist einzig die Tabakindustrie, die von diesem Effekt profitiert.

Da ich selbst neun Jahre lang Raucher war, weiß ich, wovon ich spreche: Der Unterschied ist riesig. Als Nichtraucher fühle ich mich körperlich ungleich leichter und fitter und genieße auch die emotionale Unabhängigkeit von der Zigarette. Den kurzfristigen Kick durch eine Zigarette ersetze ich mittlerweile durch den Kick, den mir ein Glas frisch gepresster Fruchtsaft oder ein Glas Wasser versetzt und dem Körper zudem noch etwas Gutes tut.

Falls Sie vorhaben, das Rauchen aufzugeben, möchte ich Sie ermutigen: Da der Nikotingehalt im Blut sich innerhalb einer Stunde halbiert, ist Ihr Körper bereits nach ca. zwei Tagen nikotinfrei. Ersetzen Sie soweit wie möglich das Rauchen durch einen anderen, gesünderen Genuss. Welche Funktionen hat die Zigarette für Sie? Belohnung, Pausenfüller, Entspannung? Setzen Sie ganz bewusst Obst, Saft oder ein Glas Wasser an die Stelle, die bislang die Zigarette besetzt hielt.

Vielleicht gibt es einen einzigen Vorteil des Rauchens: Durch den tiefen Atemzug, mit dem man inhaliert, weitet man die Lunge. Abgesehen vom Lungen-Stretching aber weist das Rauchen nur negative Aspekte auf. In Wirklichkeit erhöht es nicht die Gehirn- und Denkleistung, sondern im Gegenteil: Es vermindert diese, da es die Blutgefäße zusammenzieht und dadurch den Sauerstofftransport in die Zellen vermindert. Meiner Meinung nach hat das Rauchen eindeutig und ausschließlich negative und schädliche Wirkungen.

Wie auch beim Atmen gibt es bei der Flüssigkeitsaufnahme leistungsdämpfende Gewohnheiten, z. B. das *Kaffeetrinken.* Bei gesunden Menschen schadet eine Tasse Kaffee täglich der Leistungsfähigkeit nicht. Ärzte empfehlen Kaffee sogar gegen niedrigen Blutdruck. Allerdings ist bei jeder Tasse zu bedenken, dass das Koffein (oder das Tein bei schwarzem Tee) im Magen Säure bildet. Der Körper möchte diese Säure schnell wieder loswerden und verdünnt sie augenblicklich. Dabei zieht er Flüssigkeit aus den anderen Körpersystemen ab. Dies ist der Grund, warum Kaffee harntreibend wirkt. Unterstützen Sie Ihren Körper bei diesem Reinigungsprozess, indem Sie nach dem Kaffee mindestens die doppelte Menge Wasser trinken. So bringen Sie den gestörten Flüssigkeitshaushalt wieder in Ordnung.

Ähnliches passiert beim *Alkohol.* Er steigert die Nierentätigkeit und entzieht dem Körper Wasser, was man am extremen Durst nach einer durchzechten Nacht merkt. Aber viel schlimmer am Alkohol ist, dass er das Gehirn zerstört, dessen Zellen er vernichtet und so einen Schrumpfungsprozess auslöst. In geringen Mengen wirkt Alkohol stimulierend, insbesondere gilt ein Glas Rotwein als gesund. In großen Mengen jedoch ist Alkohol zerstörend. Welche

Menge zu viel ist, darüber scheiden sich die Geister. Aus meiner Sicht sind zwei Gläser Bier oder Wein die oberste Grenze. Trinken Sie mehr, mindern Sie langfristig Ihre Leistungsfähigkeit.

Zuckerhaltige Limonaden und Cola-Getränke entziehen dem Körper wichtige Mineralien. Sie unterstützen den gefährlichen Kreislauf, der den Konsum von raffiniertem *Zucker* in ein Suchtverhalten verwandelt. Wodurch entsteht die Zuckersucht? Bei zuckerarmer Ernährung werden kohlenhydratreiche Lebensmittel langsam zu Einfachzucker verarbeitet und der Glukosespiegel des Blutes bleibt ungefähr gleich hoch. Isolierter Zucker aber dringt zu schnell durch die Darmwände ins Blut und erhöht überfallartig den Blutzuckerspiegel. Also muss die Bauchspeicheldrüse viel Insulin ausschütten, um den Glukosespiegel wieder zu senken. Die überschüssige Energie wird dabei in der Leber und in den Fettzellen abgelagert. Auf die heftige Insulinausschüttung folgt bald schon eine „Unterzuckerung". Nicht nur Konzentrationsschwäche und ein deutlicher Leistungsknick sind die Folge, sondern auch Heißhunger auf die nächste Zuckerbombe, die wiederum die Bauchspeicheldrüse zu erhöhter Insulinproduktion anregt: Ein Teufelskreislauf ist in Gang gesetzt. Zuckersucht hat biochemische Hintergründe. Und leider funktionieren auch unsere natürlichen Warnmechanismen bei Zucker nicht. Während unser Körper nach dreitägiger einseitiger Ernährung, sagen wir von Eiern, mit heftiger Abneigung dagegen reagiert, verstärkt sich das Bedürfnis nach Zucker eher noch.

Achten Sie darauf, Getränke ohne Zuckerzusatz zu sich zu nehmen, und ersetzen Sie möglichst den Zucker durch alternative Süßmittel wie Honig, Apfel- oder Birnendicksaft, Trockenfrüchte und frisches Obst.

5. Der geistige Input: Gedankenverschmutzung oder positive Bilder?

Sie haben nun einige hocheffiziente Methoden kennen gelernt, mit denen Sie Ihre Leistungsfähigkeit durch den materiellen Input steigern können. Wenden wir uns nun dem geistigen Input zu: den Informationen, die wir Tag für Tag in uns aufnehmen. Diese beeinflussen unsere Leistungsfähigkeit in weitaus höherem Maß, als oft angenommen wird.

Die Medien

Die morgendliche Zeitung, das abendliche Fernsehprogramm, der blutrünstige Krimi oder Horrorroman: All diese Medien prägen uns. Wenn wir uns täglich über die schrecklichen Dinge informieren, die in der Welt passieren, wird sich unser Weltbild eher negativ färben. Jede Information, die wir aufnehmen, beeinflusst uns. Diesen bekannten Mechanismus nutzt die Werbeindustrie seit langem durch geschickt aufbereitete Informationen im Sinne ihrer Auftraggeber. Warum lesen wir über Vorfälle in einem weit entfernten Land? Warum interessieren uns Sensationsmeldungen über Unwetter in Honduras oder Kriege in Südamerika? Genau betrachtet, sind solche Informationen für unser Leben und für unser Weiterkommen völlig belanglos, solange wir nicht vorhaben, aktiv zu helfen. Übrig bleibt lediglich die negative Energie, die nach solcher Lektüre in uns nachwirkt.

Mir ist bewusst, dass ich an dieser Stelle leicht missverstanden werden kann. Ich höre quasi schon den Vorwurf, dass ich, anstatt das Unrecht, das weltweit geschieht, zur Kenntnis zu nehmen, meine Umgebung nur durch die rosarote Brille wahrnehmen will. Ich propagiere hier keineswegs ein unverantwortliches Kopf-in-den-Sand-Stecken, sondern nur einen bewussten Umgang mit Informationen. Lassen Sie nicht zu, dass negative Informationen sich mit ihren negativen Schwingungen in Ihnen festsetzen und völlig sinnloserweise eine Menge Kraft und Energien rauben.

Versuchen Sie vielmehr Informationen auszuwählen, die Ihnen für Ihren Beruf oder Ihr Privatleben nützlich sind, womit ich nicht ausschließlich positive Informationen meine, sondern vor allem solche, die Sie nutzbringend umsetzen können. Setzen Sie gezielt die beeinflussende Wirkung von Informationen ein, um sich aufzubauen. Lesen Sie zum Beispiel Informationen über Menschen, die ein ähnliches Problem, wie Sie es gerade haben, lösen konnten. Sehen Sie sich eine Sendung über erfolgreiche Menschen an. Lesen Sie Biografien interessanter, kreativer Persönlichkeiten. Holen Sie sich Motivation durch andere Menschen oder Projekte.

Neben der aufbauenden Wirkung hat die gezielte selektive Informationsaufnahme noch einen weiteren, nicht zu unterschätzenden Vorteil: Sie sparen gewaltig Zeit. Es gilt also, sein Informations-Management bewusst und aktiv zu gestalten, um gewünschte Manipulationseffekte zu erreichen. In diesem Zusammenhang möchte ich Sie zu einem Selbsttest einladen.

?

Lassen Sie die letzten drei Tage Revue passieren und bewerten Sie die darin verbrachte Zeit der Informationsaufnahme.

- Wie viel Zeit haben Sie in den letzten drei Tagen vor dem Fernseher und beim Lesen von Zeitungen o. Ä. verbracht?
- Wenn Sie diese Zeiten nun bewerten müssten: Wie viel dieser Zeit erscheint Ihnen sinnvoll oder nutzbringend eingesetzt? Und wie viel als vergeudet?

Wir leiden auch hinsichtlich der Informationsflut unter einem Leistungszwang. Viele wollen uns glauben machen, dass wir etwas versäumen, wenn wir nicht täglich Zeitung lesen oder die Nachrichten im Fernsehen sehen.

Als ich als Jugendlicher einmal einen Monat mit dem Zug durch Europa unterwegs war und währenddessen kein einziges Mal Zeitung las oder Nachrichten sah, lautete bei meiner Rückkehr zu Hause eine meiner ersten Fragen: „Was gibt es Neues?“ Meine

Verwunderung war groß, dass es keine Informationen gab, die ich wirklich versäumt hatte.

Diese Erfahrung veranlasste mich, weiter zu experimentieren. So lese ich im Urlaub oftmals keine einzige Zeitung, selbst im Alltag überfliege ich sie nur gelegentlich. Und immer wieder mache ich die gleiche Erfahrung: Ich versäume nichts. Von den wirklich entscheidenden Vorfällen auf dieser Welt erfahre ich ohnehin durch meine Kollegen und die Informationen, die ich für meine berufliche und persönliche Weiterentwicklung brauche, hole ich mir ganz gezielt.

Durchbrechen Sie also auch hier den Leistungszwang und gönnen Sie sich eine gezielte, selektive und somit reduzierte Informationsaufnahme. Ihr seelisches Gleichgewicht und Ihr Stresspegel werden es Ihnen danken.

Unsere Umgebung

Im Bereich des persönlichen Informations-Managements ist noch ein zweiter Aspekt für die Leistungsfähigkeit bedeutsam: Wird in Ihrem Umfeld, bei der Arbeit, im Freundes- und privaten Kreis allgemein mehr von den Chancen oder von den Grenzen des Lebens gesprochen? Der Mensch ist ein soziales Wesen und passt sich seiner Umgebung im Laufe der Zeit mehr oder weniger an. Hadern die Menschen Ihrer Umgebung ständig mit der Regierung, der Schlechtigkeit der Welt, den ungünstigen Umständen und der Besorgnis erregenden Entwicklung, ist die Wahrscheinlichkeit groß, dass auch Sie bald so denken. Wenn in geschäftlichen Besprechungen beispielsweise überwiegend von Problemen statt von Lösungsansätzen die Rede ist, verlassen die Teilnehmer die Besprechung erfahrungsgemäß in bedrückter Stimmung, die sie an ihre Mitarbeiter oder im schlechtesten Fall abends an ihre Familie weitergeben.

Auch in einer solchen Konstellation können Sie Ihr Leben aktiv gestalten: Drehen Sie den Spieß einfach um, indem Sie Ihrerseits auf Lösungen und Chancen hinweisen und Ihre Umgebung positiv beeinflussen. Denn Ihre Mitmenschen sind ebenfalls beeinflussbar. Im Extremfall steht es Ihnen frei, negative Kreise zu verlassen und sich eine neue positivere Umgebung zu suchen.

Ich möchte Ihnen die Macht der Gedanken anhand eines Beispiels veranschaulichen. In einem historischen Experiment unterzog Professor Rosenthal von der Harvard-University in den USA eine Schulklasse einem Test, sah sich jedoch das Ergebnis gar nicht an. Gegenüber den Lehrern dieser Klasse behauptete er allerdings, mit Hilfe des Tests mehrere große Talente entdeckt zu haben. Die Betroffenen hatte er zuvor per Zufall ausgewählt. Auf ausdrückliche Aufforderung nahmen die Lehrer sich vor, sich von der Behauptung des Professors nicht beeinflussen zu lassen und alle Schüler gleich zu behandeln. Nach einem Jahr führte Professor Rosenthal einen zweiten Test durch – mit erstaunlichem Ergebnis: Die zufällig ausgewählten Schüler hatten den größten Intelligenzzuwachs erreicht, und zwar offensichtlich allein aufgrund der haltlosen Behauptung des Wissenschaftlers.

Wie konnte das geschehen? Beeinflusst durch die vermeintlichen Erkenntnisse eines anerkannten Wissenschaftlers hatten die Lehrer, ohne es zu merken, die jeweiligen Kinder als große Talente behandelt und dadurch gefördert. Mit diesem Experiment war der wissenschaftliche Beweis für die sich selbst erfüllende Prophezeiung erbracht.

Dieses Experiment wurde übrigens mehrfach wiederholt, unter anderem auch mit Erwachsenen und mit Schwimmschülern. Die Ergebnisse waren immer die gleichen: Der Mechanismus der *self-fulfilling prophecy* führte dazu, dass alle Testpersonen die unausgesprochenen Rollen- bzw. Leistungserwartungen erfüllten.

Nutzen Sie diese Erkenntnis für sich und suchen Sie Freunde, Mitarbeiter, Vorgesetzte und andere Menschen, die Ihnen Kraft, Zuversicht, Hoffnung und Motivation geben, Ihr Leben erfolgreich zu gestalten. Allein schon durch die Wahl Ihrer Mitmenschen erhöhen Sie Ihre Leistungsfähigkeit. Diese Erfahrung mache ich selbst immer wieder.

Besonders eindrucksvoll ist mir das Beispiel des Golfspielens. Ich habe einen guten Freund, mit dem ich gern Golf spiele. Wir haben die Erfahrung gemacht, dass wir dann am besten sind und die meiste Konzentration aufbringen, wenn wir uns freuen und glücklich darüber sind, gemeinsam die Situation zu erleben. Es ist dieses

Glücksgefühl, das uns jedes Mal zu ganz besonderen Leistungen beflügelt, und keineswegs eine angestrengte oder gar verbissene Haltung, aus der heraus wir uns vornehmen, besonders sportlich oder besonders gut oder gar siegreich zu sein. Wir haben verabredet, dass sobald einer einen Formeinbruch erlebt, der Partner ihn fragt: „Bist du glücklich?" Das irritiert natürlich, da der Betroffene in der Situation, da er mit seinem Spiel kämpft, alles andere als glücklich ist. Aber die Frage bewirkt einen Umkehreffekt, indem sie die Aufmerksamkeit auf Positives lenkt. Unterstützt durch lobende Kommentare zu gelungenen Schlägen wird dann wieder eine Erfolgsphase eingeleitet. Entscheidend ist immer, dass in einer negativen Phase ein positiver Impuls von außen kommt.

Experiment: Positives wahrnehmen

Verabreden Sie mit einem Partner in einer bestimmten Situation, ausschließlich Positives zu erwähnen und Negatives zu ignorieren. Dies kann bei einer Tennispartie oder bei irgendeiner anderen gemeinsamen Unternehmung stattfinden. Loben Sie sich gegenseitig dabei.

Ich empfehle Ihnen, dieses Experiment mehrfach zu wiederholen, da erfahrungsgemäß anfangs die Erwartungen zu hoch sind, was hemmend wirkt. Mit der Zeit aber werden Sie die Erfahrung machen, dass auf positives Feedback immer eine Leistungssteigerung folgt, denn die Energie folgt der Aufmerksamkeit, und wenn diese auf das Positive gelenkt ist, dann folgt eben auch die Energie dem Positiven.

Dieser Zusammenhang lässt sich mit dem kinesiologischen Armtest sogar beweisen. Man kann testen, dass verschiedene Muskeln im Körper einer hohen Belastung standhalten, wenn positiv über den Menschen gesprochen wird. In dem Moment aber, wo jemand negativ über die Testperson spricht oder diese selbst negativ über sich denkt, werden dieselben Muskeln schwach und können nicht mehr die gleiche Leistung erbringen. Eindrucksvoll konnte dieser Zusammenhang bei Gewichthebern nachgewiesen werden, die in der Negativphase nicht mehr in der Lage waren, dieselben Gewichte zu stemmen wie zuvor in der Positivphase.

Aus diesem Grunde habe ich auch oben erwähnt, dass es sinnvoll ist, Biografien erfolgreicher Persönlichkeiten zu lesen, die einen Vorbildcharakter haben. Solche Lektüren vermitteln die positive Schwingung, dass herausragende Leistungen möglich sind, und geben auch die Erfahrungen dieser Vorbilder weiter, auf denen wir aufbauen können. Sich mit dem Vorbild zu identifizieren führt zu einer Energiesteigerung, etwa wenn Sie sich mit einem herausragenden Tennisspieler oder einer Tennisspielerin beschäftigen und sich in ihn oder sie hineinversetzen, wird diese Identifikation mit dem Vorbild auf Ihr eigenes Spiel positiv abfärben.

Wenn Sie Ihre Kollegen nicht auswählen können, so beeinflussen Sie sie eben. Die kraftvolle Energie, mit der Sie andere beeinflussen, kommt unweigerlich zu Ihnen zurück. Jeder Gedanke ist Energie und verändert die Welt. Beginnen Sie selbst in Lösungen zu denken und beobachten Sie, wie Ihre Umgebung auf Sie zurückwirkt.

Wenn Ihre Umgebung allerdings überwiegend negativ ist, überlegen Sie, ob Sie sie nicht besser verlassen. Täglich Energie und damit Lebensfreude und Leistungsfähigkeit abgezapft zu bekommen, ist auf lange Sicht schädlich. Ein Wechsel kann Ihr Leben in einer solchen Situation hundertprozentig verbessern, allerdings sollten Sie sicher sein, dass nicht Sie selbst der Auslöser negativer Energien in Ihrer Umgebung sind. Am besten holen Sie sich das Feedback von möglichst drei verschiedenen vertrauten Personen und erkundigen sich, ob diese Sie als einen positiven oder negativen Menschen empfinden. Vermeiden Sie dabei suggestive Fragen, sondern formulieren Sie ganz neutral: „Empfindest du mich als Energiespender oder als Energievampir? Wo würdest du mich auf einer Skala von –5 (negativ) bis +5 (positiv) ansiedeln?"

Leider neigen die meisten Menschen dazu, durch eine negative Sicht- und Denkweise sich selbst und anderen das Leben schwer zu machen. Das gilt für das Berufsleben wie auch für den Leistungssport. Wie positiv sich ein Wechsel auswirken kann, zeigt der bekannte „Trainer-Effekt". Das Verhältnis zwischen Trainer und

Sportler ist sehr komplex, sehr emotional, und nicht selten überlebt es sich irgendwann einmal. Wenn dann ein Wechsel stattfindet, profitiert der neue Trainer von der Aufbauarbeit seines Vorgängers. Noch bevor er überhaupt richtig angefangen hat, seine Mannschaft zu trainieren, läuft die plötzlich zu neuen Höchstleistungen auf. Der Grund: Die Sportler setzen Hoffnungen in das neue Arbeitsverhältnis, das noch nicht von negativen Emotionen belastet ist.

Auf einen Blick: Informations-Management

- Informationen beeinflussen den Energie-Level: Negative Informationen sind niederdrückend, positive Informationen wirken aufbauend und motivierend.
- Nutzen Sie diese Erkenntnis und wählen Sie gezielt Informationen, die Ihnen nützen und Sie weiterbringen.
- Umgeben Sie sich mit Menschen, die positiv denken und eine gute Meinung von Ihnen haben. Nach dem Gesetz der selbst erfüllenden Prophezeiung werden Sie so eine optimale Leistung erbringen.
- Lenken Sie die Aufmerksamkeit von eher negativ denkenden Menschen verstärkt auf Problemlösungen und Chancen und beeinflussen Sie sie in Richtung einer positiven Denkweise.

Auf einen Blick: Input

- Zwei Elemente der körperlichen Aufnahme sollten Sie besonders ausgiebig konsumieren: Sauerstoff und Wasser.

- Zwei Elemente sollten Sie bewusst und in wohl dosierten Mengen zu sich nehmen: Nahrung und Informationen.

Wenn Sie diese Hinweise täglich befolgen, sind Sie auf dem besten Weg zu einem kraftvollen, leistungssteigernden Input.

Teil III:
Power

1. Tuning für Körper und Geist

Mit dem Begriff „Power“ assoziieren wir gemeinhin das Bild eines muskelbepackten Körpers, der vor Kraft nur so strotzt. Die Power, die unsere tägliche Leistungsfähigkeit garantiert, ist jedoch eine ganz andere. Ich verbinde mit Power vor allem die fließende Energie im Körper, die Ausdauerleistung, die Kraft der Gedanken und die emotionale Power. Durch ein wohl durchdachtes Tuning soll die PS-Stärke von Körper und Geist erhöht werden, damit wir jederzeit ausreichende Kraftreserven haben. Sind Sie erst einmal mit Hilfe energetischer Übungen in der Lage, vollkommen über Ihre Kraftreserven zu verfügen, werden Sie die für Sie heute gültige Normalleistung leichter und spielerischer erbringen können. Wenn Sie über viel Power verfügen, müssen Sie sich weniger anstrengen. Sie werden Ihre Erfolge mit einer erstaunlichen Leichtigkeit erringen – und in der Oberliga mitspielen.

Den Leistungszwang durchbrechen Sie in diesem Bereich, indem Sie möglichst einfach, fast ohne Anstrengung, Ihre inneren Kräfte mobilisieren. Wie Sie mit Leichtigkeit und Freude zum Erfolg gelangen, erfahren Sie auf den nächsten Seiten.

Als Erstes gilt es, Energieblockaden zu beseitigen, damit die in Ihnen vorhandene Energie wieder ungehindert fließen kann. Im Folgenden stelle ich Ihnen einige Energieprogramme vor, die Sie dabei unterstützen. Testen Sie sie und wählen Sie dasjenige aus, das bei Ihnen besonders effektiv wirkt. Falls Sie Anfänger im Bereich dieser Energiesteigerungsübungen sind, empfehle ich Ihnen, die Techniken in einem Kurs oder mit Hilfe von speziellen Büchern zu erlernen, z. B. über die Methodik des autogenen Trainings, des Yoga oder der Meditation.

Ihr Körper ist das Maß der Lebensintensität, ohne ihn geht nichts. Je stärker und ausdauernder Ihr Körper ist, desto intensiver können Sie Ihr Leben genießen. Jede Minute, die Sie in Ihren Körper investieren, ist daher zugleich eine Investition in die Lebensfreude.

2. Im Laufen Kraft tanken

Die meisten der bisher genannten Energieübungen stammen aus dem Fernen Osten. Auch im westlichen Kulturraum haben sich Methoden entwickelt, mit denen die Menschen sich stärken und zu sich finden. Das meiner Meinung nach stärkste Element ist das Laufen, weswegen ich es als einen Kernpunkt meines Inpowerlance®-Programms ansehe. Viele Menschen verbinden damit Qual und Unlust, und vielleicht haben auch Sie schon negative Erfahrungen mit dem Laufen gemacht. Stöhnen Sie nicht auf, denn ich verrate Ihnen jetzt ein Geheimnis:

Beim Laufen kommt es auf das richtige Tempo an.

Das Durchbrechen des Leistungszwangs bezieht sich auch auf das Laufen. Sie sollten so langsam laufen, dass Sie noch genügend Luft zum Sprechen haben. „Aerob“ heißt das Zauberwort und dies wiederum bedeutet, dass die Körperzellen während der Bewegung mit Sauerstoff versorgt werden. Wenn Sie konsequent und diszipliniert aerob laufen, bauen Sie Ihre Grundlagenausdauer auf.

Die optimale Laufzeit liegt zwischen 30 und 45 Minuten. Menschen, die täglich langsam laufen, fühlen sich wohl und ausdauernd.

Woran erkennen Sie, ob Sie aerob laufen? Der Puls sollte sich zwischen 120 und 150 Schlägen pro Minute einpendeln, auf keinen Fall aber über 150 Schlägen liegen, denn dann laufen Sie wahrscheinlich anaerob, d. h. in der „Sauerstoffschuld“. Bei anaerobem Laufen wird den Körperzellen kaum Sauerstoff zugeführt, sondern im Gegenteil verbraucht der Körper zu viel Sauerstoff, sodass die Zellen unterversorgt sind, sozusagen in ein Minus rutschen. Laufen Sie lieber zu langsam als zu schnell.

Woran erkennen Sie, falls Sie keinen Pulsmesser haben, ob Sie noch im aeroben Bereich laufen? Aufschlussreich ist folgendes Indiz: Solange Sie genügend Luft haben, um sich während des Laufs zu unterhalten, laufen Sie richtig. Lassen Sie sich nicht frustrieren, wenn Sie anfangs von Fußgängern überholt werden, weil Sie die

Pulsfrequenz von 120 bis 150 nicht überschreiten. Diese Erfahrung gehört dazu.

Von der Evolution her sind wir Menschen Langstrecken- bzw. Dauerläufer. In einigen Teilen Afrikas und Australiens laufen die Menschen immer noch gewohnheitsmäßig einige Kilometer täglich. Es verwundert deshalb nicht, dass die besten Marathonläufer der Welt aus diesen Erdteilen stammen. Rein von unserer Physiologie her sind wir auf ein Pensum von täglich 20 Kilometer eingerichtet. Jetzt mal ehrlich: Wie oft laufen Sie 20 Kilometer am Stück? Oder zehn? Oder fünf? Oder vielleicht wenigstens einen? Sie werden sich jetzt vielleicht fragen, warum Sie das tun sollten angesichts moderner Transportmittel, die es Gott sei Dank überflüssig machen, dass wir wie unsere armen Vorfahren alle Strecken zu Fuß zurücklegen müssen. Nun, es gibt eine Reihe guter Gründe dafür. Aerobes Laufen wirkt sich in mehrfacher Hinsicht günstig auf den Organismus aus, auf körperliche Prozesse ebenso wie auf seelische, im Einzelnen:

Aerobes Laufen stärkt die Ausdauer und das Denkvermögen.

Herz und Lungen werden gestärkt; Blutgefäße von Fett gereinigt. So erhält der gesamte Organismus mehr *Sauerstoff* und wird leistungsfähiger. Die verstärkte Zufuhr von Sauerstoff führt zu geistiger Frische und einem Kreativitätsschub. Durch regelmäßiges Laufen wird die *körperliche Ausdauer* verstärkt, und das mit hundert Prozent mehr Sauerstoff versorgte Gehirn verdoppelt seine *Denkfähigkeit*. Tatsächlich bilden sich im Laufe der Zeit bis zu viermal mehr Blutgefäße: Kein Wunder also, dass die Zellen unseres Körpers spürbar besser versorgt werden – mit Sauerstoff *und* mit essenziellen Vitalstoffen – und wir einen wahren Energieschub erfahren.

Aerobes Laufen reduziert Körperfett.

Oft geht eine einfache diätlose Gewichtsreduktion mit diesem Power-Tuning einher. Warum? Bei regelmäßiger Bewegung vermehrt der Körper nach zehn bis zwölf Wochen die Entwicklung von fettabbauenden Enzymen. Während des Laufs setzt nach 15 Minuten der *Fettabbau* ein. (Sauerstoff unterstützt den Fettabbau, weshalb wir immer aerob laufen sollten.) Aber auch zwischen den Läufen wird schließlich aufgrund der körperlichen Konditionierung überschüssiges Fett verbrannt, und wir entwickeln endlich wieder eine muskulöse Figur. Seien Sie übrigens nicht enttäuscht, wenn Sie anfangs nicht abnehmen, obwohl Sie den Eindruck haben, schlanker auszusehen. Dies liegt daran, dass Muskelmasse schwerer ist als Fett. Wenn man anfängt zu laufen, wird teilweise vorhandene Fettmasse in Muskelmasse umgewandelt.

„Gut Ding will Weile haben." Diese Weisheit bezieht sich auch auf den Prozess der Fettverbrennung. Vorausgesetzt, Sie laufen vier Wochen lang täglich eine halbe Stunde, werden Sie bei gleichbleibender Laufintensität 50-mal mehr reines Fett verbrennen als bei Ihrem ersten Lauf, und nach zwölf Wochen sogar 250-mal so viel. Ihr Körper muss erst lernen, Fett zu verbrennen. Hat er dies gelernt, will er gar nicht mehr damit aufhören: Auch zwischen den Läufen, ja sogar im Schlaf, werden Sie eine stärkere Fettverbrennung haben. Sie brauchen sich dann in Zukunft kaum noch beim Essen Sorgen zu machen, ob Sie zunehmen oder nicht.

Warum verbrennt der Körper Fett nur im aeroben Belastungsbereich? Ganz einfach: Die Kohlenhydrate-Depots sind begrenzt. Bei einem Marathonläufer sind sie nach ca. drei Stunden erschöpft. Damit es aber nicht zu einem Engpass kommt, sucht der Körper nach einer Alternativversorgung. Hierfür bietet sich die Fettverbrennung an, denn die Fettdepots sind meist gut gefüllt. Allerdings braucht das Verbrennen von 1 g Fett mehr Sauerstoff als von 1 g Kohlenhydrate. Deshalb greift der Körper nur dann auf die Alternativversorgung zurück, wenn genug Sauerstoff zur Verfügung steht. Sobald es keinen Sauerstoffüberschuss im Blut mehr gibt, wird er auch sofort wieder mit der Fettverbrennung aufhören.

Die effektivste Fettverbrennung in den Zelldepots findet ungefähr drei Stunden nach der letzten Nahrungszufuhr statt, vorher werden die Kalorien des Mageninhalts verbraucht. Daher laufen Sie morgens am besten vor dem Frühstück, abends entweder vor dem Abendessen oder möglichst drei Stunden nach der letzten Mahlzeit.

Wenn Sie übrigens anfangs wenig von dem Fettabbau in Ihrem Körper sehen, liegt das daran, dass zuerst das lebensbedrohende, überschüssige Fett in Arterien und Venen abgebaut wird. Das ist insofern eine erfreuliche Entwicklung, als es dort den Sauerstofftransport zu den Zellen behindert, was zu Müdigkeit und depressiven Stimmungen führt. Wir dürfen auf die Intelligenz des Körpers vertrauen. Bei allen Umbauprozessen stärkt er sich zuerst dort, wo er es am nötigsten braucht.

Die Fettreduktion können Sie übrigens leicht mit einer Fettwaage kontrollieren, die in Drogerien oder im Fachhandel erhältlich ist. Die Kosten von ca. 90 Euro sind meiner Meinung nach eine sinnvolle Investition. Sie können sich damit einen Überblick über Ihre körperliche Verfassung, insbesondere den Grad der Verfettung, verschaffen und einen notwendigen Fettabbau ebenso kontrollieren wie eine erneute Fettansammlung in den Zellen.

Aerobes Laufen stärkt und erhält Sie gesund.

Neben dem ästhetischen Aspekt einer schöneren Körperform hat der Fettabbau natürlich vor allem *gesundheitliche Vorteile*. Da Fett, wie gesagt, auch in den Arterien und Venen abgebaut wird, reduziert sich die Gefahr von Gefäßverengungen mit den gefährlichen Folgeerscheinungen von Herz- und Hirninfarkt.

Ein weiterer Nutzen des Laufens ist die *Stärkung des Immunsystems*. Nach 30-minütigem Laufen bilden sich im Blut ein Drittel mehr Killerzellen, die, durch den Sauerstoff aggressiv gemacht, Bakterien und Viren zu Leibe rücken. Es gibt Berichte, wonach krebskranke Patienten durch das Laufen wieder gesund wurden, wobei aber ausschließlich das Laufen im Sauerstoffüberschuss diese Wirkung erzielt. Verbrauchen Sie hingegen zu viel Sauerstoff während des Laufens, wird Ihr Immunsystem geschwächt. Achten Sie also unbedingt auf Ihr Tempo. (Das ist übrigens einer der Gründe, warum Spitzensportler relativ krankheitsanfällig sind. Sie trainieren hauptsächlich im anaeroben Bereich, z.B. bei Sprints, Schnellkraft und Kraftausdauer.)

70 Prozent der *Muskulatur* wird beim Laufen gestärkt. Regelmäßiges Lauftraining beugt dem altersbedingt zunehmenden Muskelschwund vor – ein nicht zu unterschätzender Faktor angesichts eines Muskelverlusts von 40 Prozent bei einem durchschnitt-

lichen Siebzigjährigen, der sich wie Winston Churchill sein Leben lang vom Sport fern gehalten hat. Warum aber sollten wir uns mit schlaffem Po und unförmigen Arm- und Beinformen abfinden, wenn wir diese so leicht vermeiden können?

Der *Kreislauf* wird angekurbelt und der gesamte Organismus auf Trab gebracht. Auch das Herz ist ein wichtiger Muskel, der durch regelmäßiges Laufen gestärkt wird. Es kommt allmählich mit weniger Schlägen aus, um die gleiche oder sogar eine größere Blutmenge zu transportieren, und wird so deutlich entlastet. Langsames Laufen wird sowohl bei niedrigem wie auch bei hohem Blutdruck empfohlen, es stellt also einen Weg dar, die aus dem Gleichgewicht geratenen Körperfunktionen wieder ins Lot zu bringen.

Das aerobe Laufen senkt den *Insulinspiegel* im Blut und wirkt als natürliche Appetitbremse. Der Körper gewinnt verstärkt seine somatische Intelligenz zurück, was nichts anderes bedeutet, als dass im Menschen das Verlangen nach natürlicher und gesunder Ernährung und der richtigen Menge zunimmt.

Durch das langsame und energiegewinnende Laufen wird Ihr Körper nicht belastet. Ihre *Gelenke* werden dabei keineswegs abgenützt, sondern im Gegenteil mit Blut und Nährstoffen versorgt. Pferde und andere sich in Freiheit bewegende Tiere weisen ebenfalls keine Abnutzungserscheinungen auf, obwohl sie den ganzen Tag über laufen. Unsere Beschwerden, auch die des Rückens, sind Folgen eines überwiegend sitzenden und bewegungsarmen Lebensstils – ebenso wie Müdigkeit, Depressionen, unerklärliche Ängste. Laufen Sie also Ihrem Glück entgegen.

Sie können dem Frust und der Depression davonlaufen.

Die Produktion von *Endorphinen*, so genannten Glückshormonen, und insbesondere von Serotonin wird durch das Laufen angeregt. Nach ca. 30 Minuten Sauerstoffüberschuss werden Endorphine ausgeschüttet. Im Extremfall stellt sich ein Zustand von glückseliger Euphorie ein, wie er beispielsweise nach Marathonläufen auftritt und als „*Runners' High*" bekannt ist. Endorphin – und somit eben auch das tägliche halbstündige Laufen – ist das Antidepressivum schlechthin. Sie können also Ihrer Depression oder Ihrem Frust regelrecht davonlaufen. Besonders in Zeiten verdüsterter Stimmung, etwa in der lichtarmen Jahreszeit oder in einer Phase der Trauer und Bedrücktheit, kann regelmäßiges Laufen enorm zu Stimmungsaufhellung und wiedergewonnener Lebensfreude beitragen. Bekanntermaßen finden Menschen durch das Laufen zu mehr Fröhlichkeit und Ausgeglichenheit. Wer diese Lauferfahrung kennt, zieht sich die Laufschuhe an, sobald er sich einmal nicht gut fühlt, und nach einer halben Stunde sieht die Welt wieder anders aus. Das Laufen ist für viele zu einer Methode geworden, in schwierigen Situationen Abstand zu gewinnen und einen klaren Kopf zu bekommen.

Mit dieser täglichen Investition in Ihre Leistungsfähigkeit heben Sie zugleich Ihre emotionalen Reizschwellen und werden dadurch auch nervlich belastbarer. Der Tag gewinnt so an Leichtigkeit und Lebensfreude.

Oft werde ich in meinen Seminaren gefragt, ob ich tatsächlich jeden Tag laufe. Hier meine Antwort auch für alle künftigen Seminarteilnehmer: nein. Wegen meiner zahlreichen beruflichen Aktivitäten und des Golfspielens komme ich nicht jeden Tag dazu. Aber ich nehme es mir jeden Tag vor, sodass ich wöchentlich etwa fünfmal laufe. Ich habe herausgefunden, dass es leichter ist, sich das Laufen täglich anstatt z. B. fünfmal pro Woche vorzunehmen. So gehört das Laufen zu meiner täglichen Routine und wird automatisch in den Tagesablauf eingeplant. Kommt dann etwas dazwischen – kein Problem: Am nächsten Tag klappt es bestimmt.

Im Alpha-Zustand entdecken Sie Kreativität und Problemlösungen.

Nach 20-minütigem Laufen geht man in den *Alpha-Bereich* über, in dem man besonders kreative Ideen hat und Probleme leichter löst. (Zum Alpha-Zustand siehe ausführlich Seite 79.) Tägliches Laufen über einen Zeitraum von 30 bis 45 Minuten stellt eine Methode dar, sich in einen kreativen Modus zu versetzen. Laufen Sie mit einem Partner, werden Sie sich gut unterhalten. Gemeinsames Laufen eignet sich übrigens ideal für Geschäftsbesprechungen, die man dabei effektiv und intensiv führen kann. Zwei oder drei Personen können ideal miteinander laufen und dabei Probleme lösen. Bei drei

Personen wechselt derjenige, der spricht, in die Mitte. Beim Laufen geführte Geschäftsbesprechungen stärken zudem das Gemeinschaftsgefühl von Kollegen.

Dies mag Ihnen jetzt komisch vorkommen, aber seien Sie ehrlich: Was spricht dagegen? Wenn man hin und wieder Geschäftsbesprechungen beim Laufen durchführt, schlägt man zwei Fliegen mit einer Klappe: Erstens müssen Gespräche ohnehin geführt werden. Zweitens klagen viele Menschen darüber, dass sie keine Zeit zum Laufen haben, da sie den ganzen Tag arbeiten. Eine Dusche lässt sich, sofern sie nicht bereits vorhanden ist, leicht einbauen, falls ernsthaftes Interesse am beruflichen „Besprechungslaufen" besteht, und Sportsachen kann man am Arbeitsplatz deponieren. In der Gruppe schwingt Alpha übrigens stärker, sodass jeder Einzelne leicht in diese Schwingung versetzt wird.

Wenn Sie allein laufen, werden Sie bemerken, dass sich Probleme beim Laufen wunderbar leicht lösen lassen. In Ihnen steigen hervorragende Ideen auf. Ich kenne Menschen, die aus diesem Grund zum Laufen ein Diktaphon mitnehmen: Sie halten an Ort und Stelle die kreativen Gedanken fest, die ihnen unterwegs kommen. Manchmal kommt der kreative Blitz auch erst unter der Dusche, denn der Entspannungszustand wirkt oft nach.

Aufgrund des kreativitätsfördernden Alpha-Zustands, in den man beim Laufen gelangt, ist dies eine wunderbare Möglichkeit, Probleme zu lösen. Für mich wie für viele andere Menschen hat sich diese *Problemlösungstechnik* bewährt. Was ist dabei zu beachten?

Vor dem Laufen stellen Sie sich vor, welches Problem Sie lösen möchten. Zunächst laufen Sie eine Zeitlang, ohne an das Problem zu denken, und genießen einfach nur den Lauf. Nach 15 Minuten beginnen Sie allmählich über das Problem nachzudenken. Dies geschieht ohne Anstrengung, indem Sie Ideen sammeln, ohne sie zu bewerten oder zu ordnen. Was fällt Ihnen zu Ihrem Problem ein? Falls Sie mit einem Partner laufen, können Sie ein *Brain-Storming* machen. Tragen Sie alle Ideen zusammen, die Ihnen zu dem Thema durch den Kopf gehen. Manchen Menschen hilft es, in der Sammelphase vor sich hin zu sprechen, wenn sie allein und ungestört laufen. Seien Sie geduldig mit sich: Alle Ideen sind erlaubt und Sie haben viel Zeit.

Irgendwann taucht eine gute Idee auf. Halten Sie sie fest und beschäftigen Sie sich genauer mit ihr. Formulieren Sie sie aus, stellen Sie sich die dazugehörige Situation vor. Falls Sie glauben, keine „gute" Idee zu haben, dann beschäftigen Sie sich eben mit der besten, die in Ihnen entstanden ist. Zu diesem Zeitpunkt sind Sie bereits im Alpha-Zustand, der Sie klarer und kreativer sein lässt. Außerdem bewirkt das Laufen, d.h. das Vorankommen im Raum, auch ein Vorankommen in den Gedanken.

Nach dem Laufen sollten Sie – noch vor dem Duschen und solange Sie im Alpha-Zustand sind – einige Stichpunkte zu Ihren Lösungsgedanken zur Erinnerung notieren. Zum Schluss arbeiten Sie diese Ideen im Detail aus und setzen sie in die Praxis um.

Übung: Laufen als Problemlösungstechnik

1. Legen Sie das zu lösende Problem vor dem Laufen fest.
2. Laufen Sie 15 Minuten, ohne an das Problem zu denken.
3. Sammeln Sie dann locker Ideen.
4. Vertiefen Sie bei einem Treffer.
5. Notieren Sie sich Ihre Ideen stichpunktartig nach dem Laufen.
6. Arbeiten Sie später die Stichpunkte in Ruhe aus.

Stärken Sie die Partnerbeziehung beim Laufen.

Wenn Sie abends laufen, nehmen Sie Ihren Partner bzw. Ihre Partnerin mit. So entspannen Sie sich doppelt, befreien sich mental von den Problemen des Tages und können anschließend einen unbeschwerten Abend genießen und sich völlig aufeinander konzentrieren. So trägt das Laufen dazu bei, eine harmonische Beziehung zu vertiefen oder in die Krise geratene Partner wieder einander näher zu bringen.

Laut einer US-Studie reduziert sich der Anteil der Gespräche zwischen Partnern im siebten Ehejahr auf täglich fünf Minuten, wenn man einmal absieht von Themen wie Mahlzeiten, Kindererziehung oder Finanzen. Meine eigene Erfahrung mit solchen

Paaren ist, dass sie sich wieder stärker einander zuwenden, wenn sie gemeinsam laufen. Während des halbstündigen Laufs nutzen sie die Zeit, um in Ruhe über andere als die Standardthemen zu sprechen, sie motivieren sich gegenseitig und das gemeinsame Naturerlebnis, das das Laufen immer auch darstellt, bringt sie einander näher.

Das Laufen senkt Ihr Schlafbedürfnis.

Und *last, but not least* sei hier ein weiterer wichtiger Aspekt erwähnt: Das tägliche Laufen ist eine gute Basis für die Reduktion des Schlafbedürfnisses. Ein halbstündiger Lauf erspart Ihnen täglich mindestens eine Stunde Schlaf.

Auf einen Blick: Die Wirkungen von aerobem Laufen

1. 100-prozentige Erhöhung der Sauerstoffzufuhr: Verdoppelung des Denkvermögens, der Konzentrationsfähigkeit und der allgemeinen körperlichen und geistigen Leistungsfähigkeit
2. Täglicher Fettabbau
3. Stärkung des Immunsystems
4. Höhere emotionale und nervliche Belastbarkeit
5. Mentale Hochleistung durch Erreichen des Alpha-Zustands
6. Problemlösungstechnik
7. Stärkung der somatischen Intelligenz und eines den natürlichen Bedürfnissen entsprechenden Essverhaltens
8. Zeitgewinn durch verringertes Schlafbedürfnis

Anstatt zu laufen, können Sie auch schnell gehen, um die gleichen Wirkungen zu erzielen. Im Gegensatz zum olympischen Gehen, das hier nicht gemeint ist, brauchen Sie dabei keine besondere Technik. Konzentrieren Sie sich darauf, aerob zu gehen: Beim schnellen

Gehen sollte der Puls wie beim Laufen zwischen 120 und 150 Schlägen liegen, die Gehzeit ebenfalls zwischen 30 und 45 Minuten betragen. Meist sind Geher bei gleicher Pulsfrequenz etwas schneller als Läufer. Anfangs ist es ratsam, regelmäßig die Pulsfrequenz zu messen, damit Sie ein Gespür für das richtige Tempo bekommen.

Regelmäßige Wanderungen in der Natur im richtigen Tempo sind optimal geeignet, um die für das Laufen beschriebenen Wirkungen zu erzielen. Beide Bewegungsarten sind gleichwertig in ihrer Funktion, den Menschen wieder ins Lot zu bringen, seine Grundlagenausdauer zu stärken, Fett zu reduzieren und die geistigen Aktivitäten zu erhöhen. Nicht jedoch lassen sich diese beiden Sportarten durch Radfahren oder Schwimmen ersetzen, denn der Mensch „erinnert" sich von seiner Evolution her am besten an die aufrechte Fortbewegung. Wir Menschen sind von Natur aus für das Dauerlaufen oder Dauergehen geschaffen. Daher erzielen wir mit diesen Arten der Fortbewegung die höchste Wirkung, wollen wir unsere Systeme aktivieren und uns in eine Balance bringen.

Wann ist das Gehen dem Laufen vorzuziehen? Bei Muskel- und Gelenkschmerzen und Behinderungen, die beim Laufen Schmerzen hervorrufen, sollten Sie auf das Laufen verzichten und stattdessen gehen. Als ich nach meinem New-York-Marathon starke Gelenkschmerzen, besonders in den Knien, hatte, gelang es mir immerhin am folgenden Tag, durch Gehen der Übersäuerung in meinem Körper entgegenzuwirken, und dies sogar mit Vergnügen.

3. Die Praxis des Laufens

Was gilt es für einen Anfänger beim aeroben Laufen zu beachten?

Laufen Sie möglichst täglich, um sich in einem festen Rhythmus zu verankern. Vor dem Frühstück verbrennt der Körper dreimal so viel. Dieser Zeitpunkt ist also für den Fettabbau besonders geeignet. Wenn Sie tagsüber laufen, achten Sie darauf, dass Sie drei Stunden vorher nichts gegessen haben, da sonst statt des Zellfetts der Mageninhalt verbrannt wird. Im Idealfall nimmt man auch eine halbe bis ganze Stunde nach dem Laufen nichts zu sich und verbleibt so in einem Nachbrennmodus.

Zu welcher Tageszeit Sie laufen, bleibt Ihnen überlassen. Beim morgendlichen Lauf tanken Sie Kraft für den vor Ihnen liegenden Tag und bündeln Ihre konzentrierte Energie auf die bevorstehenden Aufgaben. Da mehr Sauerstoff im Blut zirkuliert, sind Sie leistungsfähiger. Der abendliche Lauf bewirkt vor allem Entspannung. Er stellt einen wunderbar ausgeglichenen Übergang zwischen den Anspannungen der Tagesarbeit und einem entspannten genussvollen „Feierabend" her. Beim Abendlauf schütteln Sie Ihre Müdigkeit ab, sodass Sie noch wach und fit für Freizeitaktivitäten sind. Im Übrigen bietet der Lauf am Abend einen Spezialvorteil für all diejenigen, die sich zu „Couch Potatoes" entwickelt haben. Das Laufen reduziert Hungergefühle und hilft, die gefürchteten Heißhungerattacken vor dem Fernseher zu umgehen.

Falls es Ihnen schwer fällt, morgens zu laufen, oder Sie keinen regelmäßigen Abendlauf einplanen können, empfehle ich Ihnen unbedingt, den täglichen Energielauf mit höchster Prioritätsstufe in Ihren Kalender einzutragen und diesen Termin auch mit der gleichen Ernsthaftigkeit einzuhalten wie einen geschäftlichen Termin.

Bei ersten Läufen suchen Sie sich möglichst flache Strecken aus, die Sie weniger Kraft kosten als Laufstrecken mit Steigungen. Lässt es sich nicht vermeiden, dass Sie hin und wieder bergauf laufen, so reduzieren Sie Ihr Tempo weiter. Wichtig ist zu jeder Zeit, dass Sie im aeroben Laufmodus bleiben. Auch empfehle ich Ihnen, zu Beginn keine Rundstrecke auszuwählen, sondern eine Viertelstunde lang in eine Richtung zu laufen und dann umzukehren. So kommen Sie nicht in den Stress, eine bestimmte Distanz zurücklegen zu müssen, und können sich besser auf Ihr Tempo konzentrieren.

Und um Ihnen gleich den Wind aus den Segeln zu nehmen, möchte ich die beiden häufigsten Argumente gegen das Laufen entkräften:

1. „Das Wetter ist schlecht."

Es gibt kein zu schlechtes Wetter für das Laufen, höchstens schlechte Kleidung. Versuchen Sie auch bei sehr ungünstigen Bedingungen zu laufen. Das macht oft mehr Spaß als bei Sonnenschein, weil Sie die Natur in ganz neuer Weise erfahren. Laufen Sie bei jedem Wetter, außer bei Glatteis und extremen Minustemperaturen. Verkühlen kann man sich nie, vernünftige Kleidung vorausgesetzt, denn der Körper produziert während des Laufens genügend Energie. Selbst bei niedrigen Temperaturen müssen Sie sich nicht allzu warm einpacken: Nach spätestens zehn Minuten ist das anfängliche Kältegefühl verschwunden. Lediglich an der Stirn und an den Händen kann die Kälte sich unangenehm bemerkbar machen, weswegen ich in der kalten Jahreszeit ein Stirnband und Handschuhe empfehle.

2. „Mir wird beim langsamen Laufen leicht langweilig."

Ich selbst bemühte diese hervorragend wirkende Ausrede viele Jahre. Als ich dann doch zu laufen begann, kam mir die Idee, auf Kassette aufgenommene Vorträge zu hören und mich so, im wahrsten Sinn des Wortes, laufend weiterzubilden. Die Auswahl an Audio-Büchern, d. h. auf Kassette oder CD vertonte Bestseller, ist riesig. So lässt sich auch Ausrede Nr. 2 entkräften. Ich jedenfalls erfuhr einen wahren Wissensschub während meiner Vorbereitungen zu den Marathons.

Vor dem Laufen sollte man sich etwas aufwärmen. Nach dem Laufen ist Stretching sinnvoll, nicht jedoch vorher, da der Muskel vorher noch nicht warm ist und ein Faserriss droht.

Es gibt viele verschiedene Stretching-Übungen, deren Sinn darin besteht, bestimmte Körperbereiche zu dehnen. Solche Übungen können Sie auch selbst erfinden. Bewegen Sie sich so, dass der

Stretching I

- Stellen Sie sich breitbeinig hin und beugen Sie bei gestreckten Beinen den Oberkörper zu einem Bein hinunter, wobei Sie leicht den Unterschenkel umfassen. Ziehen Sie sich sanft an das umfasste Bein heran, bis Sie im hinteren Beinbereich sowohl im Ober- als auch im Unterschenkel eine Spannung spüren. Bleiben Sie zehn Sekunden in dieser Anspannung.
- Dann lockern Sie das Bein zehn Sekunden, bevor Sie nochmals zehn Sekunden in die Dehnung gehen. Durch die zweite Anspannung nach einer Entspannung erzielt man immer den besten Dehneffekt.
- Wechseln Sie nun zum anderen Bein und wiederholen Sie den Vorgang.

Stretching II

- Halten Sie sich mit einer Hand an einer Stange, Wand o. Ä. fest und ziehen Sie mit der anderen Hand den Fuß eines im Knie nach hinten gewinkelten Beines gegen Ihren Po, sodass der Oberschenkel gedehnt wird.
- Nach zehn Sekunden Dehnung entspannen Sie das Bein zehn Sekunden lang, dann wiederholen Sie die Dehnung wieder für zehn Sekunden.
- Wechseln Sie zum anderen Bein und wiederholen Sie die Übung.

Bereich, den Sie dehnen möchten, gestretcht wird, und zwar langsam und vorsichtig. Die Spannung darf nicht zu stark werden, es darf zu keinem Zeitpunkt irgendwo weh tun. Gehen Sie immer so vor, dass Sie zehn Sekunden dehnen, zehn Sekunden locker lassen und dann noch mal zehn Sekunden dehnen.

Häufig werde ich nach dem „richtigen" Laufstil gefragt. Meine Antwort lautet: Es gibt keinen. Folgen Sie Ihrem natürlichen Rhythmus. Spezielle Techniken sind zwar im Leistungs- und Hochleistungssport wichtig, nicht aber für das tägliche aerobe Laufen. Hier können Sie laufen und atmen, wie es Ihnen passt.

Wenn auch der Laufstil nicht wichtig ist, so sind es die richtigen Schuhe durchaus. In ein Paar gute, d.h. die Gelenke entlastende, Laufschuhe zu investieren, lohnt sich unbedingt. Was Sie für Ihren täglichen Energielauf hingegen nicht brauchen, ist eine teure Sportbekleidung. Ein T-Shirt und eine lockere Hose reichen vollkommen.

Damit das tägliche Laufen zur Gewohnheit wird, bauen Sie es in ein Ritual ein, am besten in der Früh, direkt nach dem Aufstehen und vor dem Duschen. Ein Tag voller Lebensfreude und Energie wird Sie erwarten. Viele meiner Klienten haben mir berichtet, dass dies der entscheidende Tipp nach einigen Fehlversuchen war. Sie richteten ihre Laufsachen schon beim Zubettgehen her. Morgens brauchten sie dann nur noch in die Kleidung zu schlüpfen und loszulaufen. So überrumpelten sie quasi den noch verschlafenen Verstand, der keine Chance bekam, Argumente gegen das Laufen zu sammeln.

Laufen Sie möglichst täglich eine halbe Stunde, mindestens aber fünfmal in der Woche, um einen spürbaren Effekt zu erzielen. In meiner aktiven Laufbahn als Hockeyspieler und Marathonläufer war ich der Überzeugung, dass der Mensch maximal fünfmal pro Woche trainieren darf, anschließend aber zwei Tage Ruhepause braucht. Als ich dann das aerobe Laufen kennen gelernt und ein halbes Jahr lang getestet hatte, machte ich die Erfahrung, dass das aerobe Laufen keine Erholungspausen erfordert, genauso wenig wie wir uns vom täglichen Gehen oder Sitzen erholen müssen. Es kommt nur darauf an, ob der Sport den Organismus belastet oder Energien freisetzt. Auf den täglichen Energielauf möchte ich seither jedenfalls nicht mehr verzichten.

Und lassen Sie mich Ihnen noch eine Erfahrung berichten, die ich mit dem Energielauf gemacht habe: Die Tage sind für mich länger geworden, d.h. sie vergehen langsamer. Warum das so ist, weiß ich nicht. Als Kind habe ich das Leben oft sehr bewusst genossen und mit zunehmendem Erwachsenwerden bedauert, dass die Tage immer schneller vergehen, wo doch das Leben so freudvoll sein kann. Durch das tägliche aerobe Laufen konnte ich diese Dynamik bremsen. Ich weiß auch von anderen Menschen, dass sie diese Erfahrung mit dem aeroben Laufen gemacht haben. Am besten probieren Sie es selbst aus.

Wie in anderen Lebensbereichen ist auch im Falle des täglichen Laufens eine positive Einstellung die Grundvoraussetzung für Erfolg. Wenn Sie von vornherein skeptisch sind und an das Laufen in der Überzeugung herangehen, dass Sie es ohnehin nicht schaffen, eine halbe Stunde am Stück zu laufen, werden Sie vermutlich zwischendrin aufhören. „Wusste ich doch, dass es nicht geht!" wird dann Ihr Gedanke sein, halb ärgerlich, halb selbstzufrieden ob Ihres Besserwissens. Lassen Sie mich Ihnen ganz klar sagen: Auch wenn Sie noch so unsportlich sind: Solange Sie nicht krank sind, können Sie 30 Minuten aerob laufen oder gehen! Glauben Sie fest daran, bevor Sie sich zum ersten Mal auf den Weg machen.

Lassen Sie mich zum Schluss dieses Kapitels noch ein Wort zum Laufrhythmus sagen: Die Art, wie jemand läuft, drückt mehr über ihn aus, als er glaubt. Die meisten gestressten Menschen sind getrieben von dem Postulat vermeintlicher Höchsteffizienz durch Schnelligkeit. Übertragen auf das Laufen bedeutet dies, dass nur schnelles Laufen anerkannt wird. Erst wenn man ordentlich ins Schwitzen und aus der Puste kommt, wenn man alles gibt, was in einem steckt, so glauben sie, dann „leistet" man auch was Richtiges. Entsprechend tun sich diese Läufer meist dadurch hervor, dass Sie sich schnell an die Spitze von Gruppen setzen und vorn laufen. Dieses „Anführen" identifizieren sie unbewusst mit ihrer echten oder gewünschten Führungsrolle im Betrieb. Aber die Absonderung von der Gruppe ist nicht selten ein Ausdruck davon, dass diese Menschen kommunikativ gestört sind. Anstatt sich in der Gruppe während des Laufens in einen rhythmischen Gleichklang zu bringen, isolieren sie sich unnötigerweise – höchstwahrscheinlich so, wie sie sich auch im Arbeitsalltag isolieren, anstatt wertvolle energetische Synergien zu nutzen, die durch eine echte partnerschaftliche Zusammenarbeit entwickelt würden.

Wenn ich bei Seminaren mit den Teilnehmern laufe, konzentriere ich mich gern auf die „Leistungsgetriebenen“, die nach kurzer Zeit des Schnellllaufens bereits einen roten Kopf haben und kurzatmig sind. Schnellläufer rege ich zu einem langsameren Tempo an. Sobald ich ihnen aber meine Aufmerksamkeit entziehe, beschleunigen die „Leistungsläufer“ wieder. Sie können gar nicht anders als jede Aktion unter dem Aspekt der Hochleistung zu betrachten. Meiner Meinung nach stehen diese Menschen unter starkem Distress. Oft erscheinen sie dann übrigens auch nicht zum anschließenden Frühstück, weil sie wahrscheinlich so fertig sind, dass sie sich erst einmal von der Laufstrapaze erholen müssen.

Auf einen Blick: Die Praxis des Energielaufs

- Laufen Sie täglich vor bzw. möglichst drei Stunden nach dem Essen.
- Laufen Sie zwischen 30 und 45 Minuten lang in einem Tempo, das Ihnen noch genug Luft zum Sprechen lässt. Ärgern Sie sich anfangs nicht darüber, wenn Sie so langsam laufen, dass sogar Fußgänger Sie überholen. Bald schon wird sich Ihr Tempo erhöhen.
- Die Tageszeit bleibt Ihnen überlassen: Der morgendliche Lauf macht Sie fit für den Tag, der abendliche Lauf entspannt und erfrischt Sie für genussvolle Freizeitaktivitäten.
- Machen Sie nach dem Lauf einige Stretching-Übungen.
- Sie brauchen keine besondere Lauftechnik. Folgen Sie Ihrem eigenen Rhythmus.
- Laufen Sie bei jedem Wetter.
- Als Ausrüstung brauchen Sie ein T-Shirt, eine leichte Hose und gute Laufschuhe.
- Was Sie sich zutrauen, schaffen Sie. Beeinflussen Sie sich positiv im Sinne der selbst erfüllenden Prophezeiung.
- Wenn Sie in einer Gruppe laufen, nehmen Sie bewusst die Kommunikation wahr, die darin abläuft: die Gespräche, aber auch die gemeinsamen energetischen Schwingungen, die einen Synergieeffekt hervorrufen.

4. Die Kinesiologie: Eine machtvolle Methode der Energiegewinnung

Hilfreiche Techniken zur Bewältigung des Alltags stellt uns die Kinesiologie zur Verfügung. Dieses Wort leitet sich vom griechischen „kinesis“ = „Bewegung“ ab. Die Kinesiologie ist also die Lehre der Bewegung. Entwickelt wurde sie in den sechziger Jahren des 20. Jahrhunderts von dem US-Arzt Dr. Goodheart, der in seine Arbeit auch fernöstliche Elemente integrierte. Mittlerweile ist die Kinesiologie eine wissenschaftlich anerkannte Disziplin. Was hinter ihr steckt? Vor allem eine hohe Effizienz: Durch gezielte einfache Übungen können Sie feinstoffliche Energieblockaden auflösen und die Energie wieder ins Fließen bringen. Sofern Sie wissen, welche Übungen Sie wie ausführen, ist die Kinesiologie eine erstaunlich rasch wirkende Methode. Sie ist so einfach und wirksam, dass sie ausgesprochen gut für die Anwendung bei Schülern geeignet ist. Einige kinesiologische Übungen werden daher bereits an Schulen zur Vorbereitung von Prüfungen und Schulaufgaben eingesetzt. Sie stärken die Konzentration und Aufmerksamkeit der Schüler auf die zu lösenden Aufgaben, ihr Denkvermögen ebenso wie ihre kreativen Leistungen, denn kinesiologische Übungen aktivieren beide Gehirnhälften: sowohl die linke, rationale, als auch die rechte, kreative. (Die Anwendung an Schulen hat übrigens auch die Namen der einzelnen Übungen geprägt, wie Sie gleich merken werden.)

Das Bestechende an kinesiologischen Übungen ist, dass man mit unglaublich wenig Aufwand starke Wirkungen erzielt. Mein morgendliches kinesiologisches Programm, vor und nach dem Aufstehen durchgeführt, umfasst gerade einmal sechs Minuten. Die Übungen sind leicht auszuführen, machen Spaß und bereiten sogar sinnliches Vergnügen. Bitte achten Sie darauf, dass Sie bei diesen Übungen die Beine nicht kreuzen. Das würde den freien Energiefluss behindern.

Die erste Übung aus dem reichhaltigen Programm ist ebenso einfach wie wirkungsvoll: Klopfen Sie leicht mit den Fingerspitzen oder mit der Faust auf die Thymusdrüse. Diese befindet sich direkt unterhalb der Mitte des Brustbeins. Die Thymusdrüse ist ein wichtiges Organ des Immunsystems, das jedoch mit zunehmendem Alter schrumpft. Bei jungen Unfallopfern findet man meist starke Thymusdrüsen, während Menschen, die an einer Krankheit verstorben sind, nur noch kleine und verschrumpelte Thymusdrüsen aufweisen. Um die Rückentwicklung der Thymusdrüse und damit einem nachlassenden Immunschutz entgegenzuwirken, stimulieren Sie diese Stelle und verlangsamen so den Schrumpfungsprozess.

Thymusdrüsenaktivierung

- Ertasten Sie die Mitte Ihres Brustbeins, d. h. eine Handbreit unterhalb der Stelle, an der Ihre beiden Schlüsselbeinknochen zusammentreffen.
- Klopfen Sie leicht mit den Fingern oder der Faust auf diese Stelle und atmen Sie dabei langsam und bewusst.

Als Nächstes massieren Sie Ihre Ohren. Im Ohr ist der ganze Körper abgebildet, ebenso wie auf den Fußsohlen und Handflächen. Durch eine Ohrenmassage, auch „Denkmütze" genannt, stimulieren Sie den gesamten Körper und bringen Ihre Energie in Fluss. Die Denkmütze schaltet zudem die Hörenergie ein: Sie verstehen besser, was andere zu Ihnen sagen, nicht nur akustisch, sondern auch „zwischen den Worten".

Denkmütze

- Beginnen Sie die Massage am Ohrenrand. Falten Sie den Rand nach außen, wobei Sie langsam vom oberen zum unteren Ende der Ohren wandern.
- Massieren Sie nun das Ohrinnere, wiederum von außen nach innen und oben nach unten.
- Zupfen Sie zum Schluss sanft an Ihren Ohrläppchen.

Für beide Übungen, die Thymusdrüsenaktivierung und die Ohrenmassage, benötigen Sie nur jeweils eine Minute.

Die nächste Übung heißt „Gehirnknöpfe“; chinesische Akupunkteure kennen sie unter dem Namen „Das Haus der vereinigten Punkte“. Das Ziel besteht darin, durch das gleichzeitige Massieren bestimmter Akupunkturpunkte Energiebahnen zwischen ihnen zu aktivieren. Gleichzeitig werden beide Gehirnhälften „eingeschaltet“ bzw. miteinander harmonisiert. Die Akupunkturpunkte sind solche, die uns zentrieren, sämtliche Körperenergie in einen Gleichklang versetzen und auch unsere Sehfähigkeit stärken.

Gehirnknöpfe

- Spreizen Sie eine Hand und legen Sie sie mitten auf Ihren Brustkorb in Höhe zwischen Schlüsselbein und oberster Rippe. Der Daumen berührt einen Punkt auf der einen Körperhälfte, während gleichzeitig Zeige- und Mittelfinger den spiegelbildlichen Punkt auf der anderen Körperhälfte berühren. Bei den rechts und links zwischen Schlüsselbein und erster Rippe berührten Akupunkturpunkten handelt es sich um die wichtigen Energiepunkte „Niere 27“. An ihnen staut sich die Energie häufig, sodass eine Massage diese wieder in Fluss bringt.
- Nun legen Sie zwei Finger der anderen Hand auf Ihren Bauchnabel, um einen Kreislauf zu schaffen.
- Massieren Sie sanft gleichzeitig alle drei Punkte, und spüren Sie die weiche Energie, die zwischen ihnen ins Fließen kommt.

Die Übungen „Ohrenmassage“, „Thymusdrüsenaktivierung“ und „Gehirnknöpfe“ können Sie direkt nach dem Aufwachen noch im Bett machen. Schon bevor Sie aufstehen, stimulieren und stärken Sie auf diese Weise Ihr Immunsystem, harmonisieren Ihre beiden Gehirnhälften, stärken Augen und Ohren und bringen den gesamten Körper in Schwung.

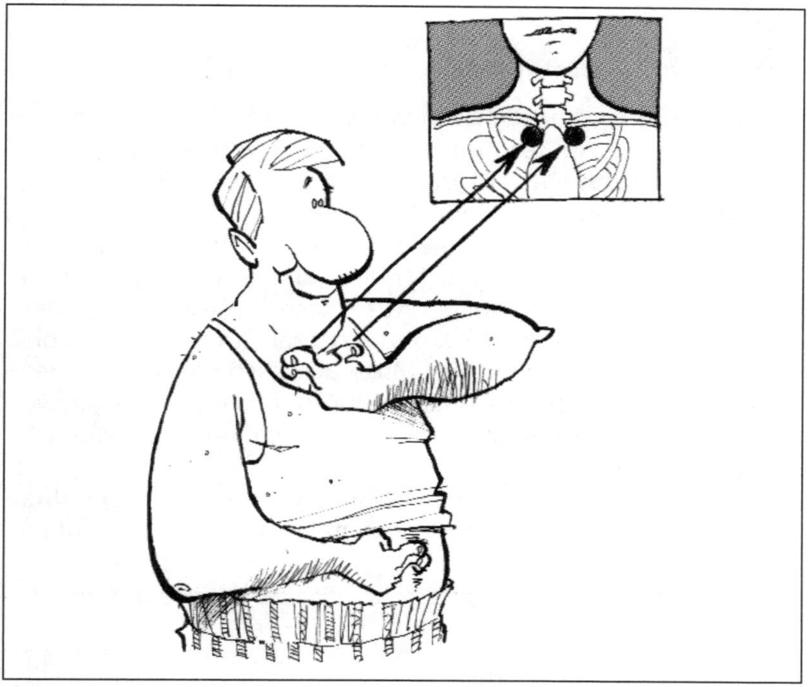

Gehirnknöpfe

Recken und strecken Sie sich kräftig, atmen Sie mehrmals tief durch und stehen Sie nun auf, um die nächste Übung im Stehen durchzuführen: die „Ohren-Achten". Diese Übung steigert die zuvor sanft geweckte Energie, indem nun der gesamte Körper bestimmte Bewegungen beschreibt und damit den Energiefluss unterstützt. Das Nachvollziehen einer liegenden Acht, die in der Mathematik auch als Unendlichkeitszeichen dient, bewirkt neben der Harmonisierung der beiden Gehirnhälften, dass das Gehirn stark durchblutet wird. Wenn Müdigkeit und Kopfschmerzen auf Schulter-Nacken-Verspannungen zurückgehen, sind die Ohren-Achten ein wirkungsvolles Heilmittel.

Diese Übung stärkt die Ohren- und Augenenergie und das Gedächtnis, und zwar sowohl das Kurz- als auch das Langzeitgedächtnis. Weiterhin intensiviert sie die Denkfähigkeit sowie die

Ohren-Achten oder „Elefant"

- Stellen Sie sich aufrecht hin und beugen Sie leicht Ihre Knie.
- Strecken Sie den rechten Oberarm nach vorn aus und legen Sie das rechte Ohr auf den Oberarm. Blicken Sie am Arm entlang bis über die Fingerspitzen hinaus.
- Malen Sie kräftig ausholend liegende Achten in die Luft und halten Sie Kopf und Schulter während der gesamten Übung fest verbunden. Auf diese Weise macht der Oberkörper dieselbe Bewegung. Achten Sie darauf, dass die Bewegung immer von der Mitte aus nach oben, also nach rechts oder nach links oben, ausgeführt wird. Bewegen Sie sich ebenso weit hinauf wie hinunter und ebenso weit nach rechts wie nach links.
- Wechseln Sie nach einer halben Minute den Arm und wiederholen Sie die Übung nun mit ausgestrecktem linken Arm.

Ohren-Achten

Tipps

- Nutzen Sie den Gehirndurchblutungseffekt der „Ohren-Achten" bei Autofahrten. Wenn Sie merken, dass Sie müde werden, hilft Ihnen diese Übung. Natürlich können Sie nicht mit gestreckten Armen hinter dem Steuer Achten nachziehen. Legen Sie also eine kleine Pause ein und führen Sie die Übung auf einem Rastplatz durch.
- Falls das nicht möglich ist, führen Sie die „Augen-Achten" durch: Ziehen Sie mit einem Finger mehrmals die liegende Acht nach. Dabei halten Sie den Kopf starr und folgen der Fingerbewegung mit dem Blick. „Augen-Achten" ist auch eine hervorragende Übung zur regelmäßigen Entspannung der Augen, wenn man lange am Bildschirm sitzt.

Integration von Sicht, Gehör und Körperbewegung. Sie ermöglicht eine differenzierte Wahrnehmung der eigenen Stimme beim Sprechen und sie entspannt den Nacken und müde Augen. Sie sehen also: Es handelt sich hier um eine leicht auszuführende Bewegung, die keine besonderen Anforderungen an uns stellt und doch vielfältige wohltuende, leistungs- und gesundheitssteigernde Wirkungen hat.

Wie im Kapitel „Gehirnwellen" bereits dargestellt, sind unsere beiden Gehirnhälften für die jeweils andere Körperhälfte zuständig. So steuert die linke, auf Rationalität spezialisierte Gehirnhemisphäre, die rechte Körperseite, und die rechte Hemisphäre, in der die kreativen, künstlerischen Prozesse gebildet werden, die linke Körperhälfte. Sollen beide Körperseiten oder die rationalen und kreativen Bereiche gleichzeitig aktiv werden, muss das Gehirn zusammengeschaltet werden. Zwischen den beiden Gehirnhälften gibt es einen Verbindungssteg namens *Corpus calossum.* Ihn und den die beiden Gehirnhälften verbindenden Prozess können Sie mit einer einfachen Übung, der „Über-Kreuz-Bewegung" oder auch „*Cross Crawl*" genannt, in Gang setzen.

Auch für die Über-Kreuz-Bewegung sind gleich mehrere Wirkungen nachgewiesen. Zunächst einmal ist sie die beste Aufwärmübung für alle Fertigkeiten, die das Kreuzen der Mittellinie erfordern. Sie aktiviert gleichzeitig beide Gehirnhälften, erhöht die körperliche Fitness, intensiviert die Atmung, verbessert das Raumbewusstsein und die körperliche Koordinationsfähigkeit und sie stärkt ebenfalls Hören und Sehen. Für mich ist sie die ideale Aufwärmübung für jeden Sport, da hier nicht nur der Körper, sondern auch das Gehirn bestmöglich aufgewärmt wird.

Über-Kreuz-Bewegung (Cross Crawl)

- Stellen Sie sich aufrecht hin, Knie leicht gebeugt, die Arme angewinkelt.
- Bringen sie abwechselnd den rechten Ellbogen und das linke Knie und dann den linken Ellbogen und das rechte Knie vor Ihrer Körpermitte zusammen. Ellbogen und Knie sollten sich möglichst berühren. Der gerade nicht aktive Arm schwingt ausgleichend nach hinten. Bewegen Sie sich in dieser Weise ein bis zwei Minuten auf der Stelle.

Wenn Ihnen die beschriebenen Übungen aus dem Bereich der Kinesiologie täglich zur morgendlichen Routine werden, haben Sie bereits eine wichtige Grundlage für körperliche wie geistige Funktions- und Leistungsfähigkeit für den Tag gelegt. Die Übungen entfalten übrigens eine noch stärkere Wirkung in Ihnen, wenn Sie zuvor ein Glas Wasser getrunken haben.

Ich weiß von zwei meiner Klienten, die seit langem täglich das hier vorgestellte kinesiologische Programm durchführen und sich seither unvergleichlich besser fühlen als zuvor. Sie verfügen über einen hohen Energielevel und auch Ihre Umgebung empfindet sie als offenere und frohere Menschen als zuvor. Einer der beiden verlor die permanente Müdigkeit, die ihn jahrelang gequält hatte.

Ein anderer Klient, der im November ein Führungs-Coaching bei mir begann, entschied sich, zur Verbesserung seines Energie-Managements das kinesiologische Morgenprogramm in seinen

Cross Crawl

Tagesablauf einzubauen. Konsequent praktizierte er das tägliche sechsminütige Programm. In seiner Freizeit war er ein begeisterter Radfahrer und liebte es, mit seinen Freunden eine bestimmte Strecke am Wochenende zu fahren. Am ersten warmen Frühjahrswochenende – ein halbes Jahr später – spürte er für ihn selbst völlig überraschend den Unterschied zum alten Energieniveau. Er fuhr allen Freunden auf der gewohnten Strecke davon, obwohl er ein halbes Jahr nicht trainiert, sondern „nur" die Kinesiologie angewandt hatte. „Welch ein Unterschied!", berichtete er mir im nächsten gemeinsamen Meeting.

Mittlerweile kenne ich viele weitere Menschen, die allein durch die regelmäßige Durchführung der kinesiologischen Übungen einen starken Energiezuwachs verzeichnen konnten.

5. Mit asiatischer Weisheit Energie befreien

Eine sehr wirkungsvolle Methode zur Energiesteigerung, mit der ich gute Erfahrungen gemacht habe, sind die Übungen der so genannten Fünf Tibeter. Wie überzeugend die Fünf Tibeter sind, zeigt sich daran, dass im deutschsprachigen Raum seit vielen Jahren das Buch mit dem gleichnamigen Titel die Bestsellerlisten anführt. Die Übungen können Sie leicht mit Hilfe von Büchern, Videos oder in Kursen erlernen. Zu ihren wohltuenden Elementen gehören Stretching, Muskelzuwachs, eine tiefe und bewusste Atmung, Meditation und Entspannung.

Weiterhin sind auch Meditation und Yoga ausgezeichnete Methoden der Energiefreisetzung.

Die Meditation

Bei der Meditation versenken wir uns in unser Inneres. Die Sinne werden nach innen gerichtet und die Gedanken auf einen Punkt konzentriert mit dem Ziel vollkommener Gedankenstille. Erst in einem Zustand, in dem die Gedanken schweigen, werden wir uns unserer wahren Identität bewusst und können unsere schöpferischen Kräfte freisetzen. Wie man nur in einer völlig glatten Wasserfläche sein Spiegelbild erkennt, so ist bei der Meditation das Erkennen des tiefsten Inneren auch nur dann möglich, wenn keine Gedanken die Ruhe stören. Frei von jeglichen unruhigen Gedanken in die inneren Tiefen abzutauchen ist, zumal für uns westliche Menschen, nicht leicht, aber die tägliche Meditationspraxis lohnt sich unbedingt, denn sie klärt das Bewusstsein und erfüllt uns immer stärker mit einem tiefen Gefühl des Friedens und der Freude – und das allein ist ein guter Grund für tägliches Meditieren.

Eine Grundvoraussetzung besteht beim Meditieren darin, dass man nicht durch äußere Einflüsse abgelenkt wird und dass man lernt, wie ein neutraler Beobachter Gedanken an sich vorbeiziehen zu lassen. Nach einer fünf- bis zehnminütigen Phase, in der man seinen Gedanken zugeschaut hat, konzentriert man sich.

Es gibt unterschiedliche Meditationen. Man kann sich beispielsweise auf eine Klangfolge konzentrieren (Mantra-Meditation), auf den eigenen Atem oder auf bestimmte Gegenstände (siehe auch die Übung zur meditativen Chakren-Atmung Seite 118). Allen Meditationen ist gemein, dass sich durch die starke Konzentration wie bei einem Brennglas die energetische Wirkung vervielfacht und der Mensch anschließend seine Speicher an Energie und Nervenkraft wieder aufgefüllt hat.

Yoga: Gruß an die Sonne

Yoga schenkt Ruhe und innere Ausgeglichenheit. Es führt zu einer Körper, Geist und Seele umfassenden Harmonie, hilft heilen und weckt heitere innere Bilder. Diese Wirkungen werden ausgelöst durch die harmonischen Abläufe von Konzentration – Atmung – Bewegung – Versunkenheit, die jede Yoga-Position auszeichnen.

Manchmal beobachte ich Schreckreaktionen gegenüber dem Yoga: „Meine Güte, sind das nicht diese artistischen Übungen, bei denen man sich so furchtbar verrenken muss?“ Keine Angst! Hätte die Natur vorgesehen, dass wir Menschen nur Harmonie finden, indem wir uns wie ein Seil verknoten, dann hätten wir einen anderen Körperbau. Lassen Sie sich nicht einschüchtern von Yoga-Übenden, die voller Stolz ihre Verrenkungen vorführen. Yoga hilft Ihnen sich zu entspannen und „loszulassen“ und ist somit das Gegenteil des Leistungsprinzips, das unseren Alltag prägt. Es geht um das Fließen von Energien, die uns eine heitere Lebenseinstellung und Wohlbefinden vermitteln, um Vertiefung in uns selbst und inneres Glück. Und Sie wissen ja: Ein glücklicher ausgeglichener Mensch lebt nicht nur gesund, sondern er zieht magnetartig das Glück und den Erfolg an.

Auch ohne große Anstrengung können Sie die folgende Übung durchführen und ihre tiefe Wirkung erleben. Die Grundvoraussetzung bei der Durchführung von Yoga-Übungen ist richtiges Atmen. Atmen Sie immer durch die Nase ein und aus, gleichmäßig, langsam und ruhig – nicht zu tief und auch nicht heftig. Der harmonische Atemstrom löst im Körper Verkrampfungen und Spannungen auf und er schwingt allmählich in Harmonie mit dem Gedankenstrom. Das energetische Strömen vereinigt sich schließlich mit dem Lebensstrom, auch Prana genannt, Träger der Lebensenergie, der in ständigem Energieaustausch mit allen uns umgebenden Lebensformen steht.

Reinigender Atem

Bei vertiefter Ausatmung wird der Körper stark von Schlacken und Abbauprodukten befreit. Gehen Sie dabei folgendermaßen vor:

- Setzen Sie sich in den Fersensitz: Knien Sie sich mit fast geschlossenen Beinen aufrecht hin und lassen Sie den Körper langsam auf die Fersen hinab. Die Handflächen liegen auf den Knien. Wirbelsäule und Becken sind aufgerichtet und bilden mit dem Kopf eine gerade Linie. (Sie können sich auch in einen anderen Yoga-Sitz oder mit geradem Rücken auf einen Stuhl setzen.)
- Lassen Sie nun alle Anspannungen in Ihrem Bauch los und atmen Sie durch die Nase tief in den Bauch. Stellen Sie sich vor, wie Sie tief in Ihren Bauch sinken. Alle Muskeln, alle Organe sind entspannt. Ihr Bauch fühlt sich weich und warm an, Sie sind völlig entspannt.
- Atmen Sie durch die Nase so lange aus, bis keine Luft mehr in Ihnen ist, dann lassen Sie den Atem von allein wieder zurückfließen.
- Führen Sie die tiefe Ein- und Ausatmung fünfmal durch.
- Ab dem sechsten Atemzug halten Sie nach dem Einatmen einen Moment inne und atmen dann kurz und stoßweise heftig durch die Nase aus, wobei Sie dies mit hörbaren Schnaufern unterstützen. Je weniger Luft Sie noch haben, desto leiser und kürzer werden die Schnaufer. Hören Sie erst auf, wenn keine Luft mehr in Ihnen ist, dann lassen Sie den Atem langsam und tief wieder einströmen.
- Führen Sie das schnaufende Atmen fünfmal durch.

Neben dem Atmen kommen im Yoga der Tiefenentspannung und der Meditation eine wichtige Bedeutung zu. Falls Sie feststellen, dass Ihnen die folgenden einführenden Übungen gut tun und Sie weitere Übungen kennen lernen wollen, empfehle ich Ihnen die vertiefende Auseinandersetzung mit Hilfe eines Buches, einer Text-CD oder eines Kurses.

Der Gruß an die Sonne ist eine der ältesten und grundlegenden Yoga-Übungen. Ähnlich wie die Fünf Tibeter beinhaltet sie alle wesentlichen Elemente: bewusstes Atmen, Dehnung, Chakren-Aktivierung (siehe Seite 118), Entspannung und gedankliche Beruhigung.

Diese Übung können Sie sowohl zügig als auch meditativ langsam durchführen, drei- bis neunmal in Folge. Sie wirkt immer und hat, sofern sie regelmäßig durchgeführt wird, einen ähnlichen Effekt wie das kinesiologische Morgenprogramm. Bereits nach zwei Minuten gerät die Energie in den Energiebahnen ins Fließen.

Der ganze Körper wird gestreckt und gedehnt, die Wirbelsäule geschmeidig, die Muskulatur gestärkt, Atmung und Herzrhythmus werden beschleunigt, die Gelenke beweglich und die Taille wird schlanker. Der Gruß an die Sonne wirkt auf den gesamten Organismus. Durch die abwechselnde Dehnung und Zusammenpressung des Unterleibs wird beispielsweise die Verdauung gestärkt. Die abwechselnde Dehnung und Biegung der Wirbelsäule beeinflusst positiv das Nervensystem und damit auch den Schlaf und das Gedächtnis.

Natürlich können Sie die Übung auch fünf oder zehn Minuten lang oder noch länger durchführen. Als ich sie in verschiedenen indischen Seminaren erlernte, praktizierten wir sie manchmal bis zu 30 Minuten lang. Wie der Name schon sagt, wird sie bevorzugt bei Sonnenauf- oder -untergang bzw. – nicht ganz so streng – am Morgen, gleich nach dem Aufstehen, und am Abend durchgeführt.

Zur Durchführung dieser Übung brauchen Sie wegen des Bodenkontakts eine Unterlage, z. B. einen Teppich oder eine Matte. Wunderschön ist die Übung im Sommer im Freien, wenn man, nur mit der Badehose bekleidet, einen sehr sinnlichen Kontakt zur Natur dabei hat, den Tau am Körper spürt und den Geruch der frischen Wiese riecht.

Da diese Übung viele verschiedene Muskeln im Körper aufbaut, stellt sie eine ideale Ergänzung zum fettabbauenden Laufen dar und bringt den Körper in eine gute Form.

Gruß an die Sonne

1. Stellen Sie sich mit vor der Brust gefalteten Händen und gesenktem Kopf hin. Ausatmen.
2. Richten Sie sich auf, strecken Sie die Arme und den Kopf nach hinten oben. Einatmen.
3. Beugen Sie den Oberkörper so weit vornüber hinunter, dass Sie bei gestreckten Beinen so gut es geht den Boden berühren. Ausatmen.
4. Lassen Sie den rechten Fuß stehen und strecken Sie das linke Bein weit zurück. Mit den Armen stützen Sie den Oberkörper links und rechts ab und richten den Kopf auf. Die Handflächen bleiben dabei auf der gleichen Stelle am Boden bis zur zehnten Übung. Einatmen.
5. Bilden Sie mit Ihrem Körper nun „den Berg" (so heißt die Stellung im Yoga): Arme und Beine sind gestreckt und stützen den Körper auf dem Boden ab, sodass er ein verkehrtes V mit dem Po als höchstem Punkt bildet. Der Kopf ist parallel zwischen den Armen. Die Fußsohlen sollten den Boden berühren. Atem anhalten.
6. Legen Sie sich auf den Boden, die Hände sind immer noch an derselben Stelle wie zuvor, Ellbogen nach oben, Brust, Bauch und Knie berühren den Boden, nur der Po ist leicht angehoben. Diese Stellung heißt „das Krokodil". Ausatmen.
7. Richten Sie im Liegen den Oberkörper so weit auf wie möglich, das Becken bleibt dabei am Boden, und blicken Sie in den Himmel. Erst jetzt strecken Sie die Füße aus

und befinden sich in der Stellung namens „die Kobra". Einatmen.

8. Wiederholen Sie nun Übung 5, „der Berg". Dabei aber ausatmen.

10. Wiederholen Sie Übung 3. Ausatmen.

11. Wiederholen Sie Übung 2. Einatmen.

12. Wiederholen Sie Übung 1. Ausatmen.

Damit haben Sie einen halben Durchgang vollbracht. Nun wiederholen Sie den Ablauf, wobei Sie bei den Übungen 4 und 9 das andere Bein vorstellen. Dann ist ein Durchgang komplett.

Wichtig ist, wie Sie mittlerweile wissen, auch bei dem Gruß an die Sonne die Konsequenz. Tägliche Durchführung ist die Voraussetzung für nachhaltige Wirkung. Sie können allerdings nach einiger Zeit abwechseln und statt des Grußes an die Sonne die kinesiologischen Übungen des Morgenprogramms durchführen (siehe Seite 166 ff.). Das ist ja das Schöne an dem hier zusammengetragenen „Supermarkt": Sie wählen, was Ihnen am besten gefällt.

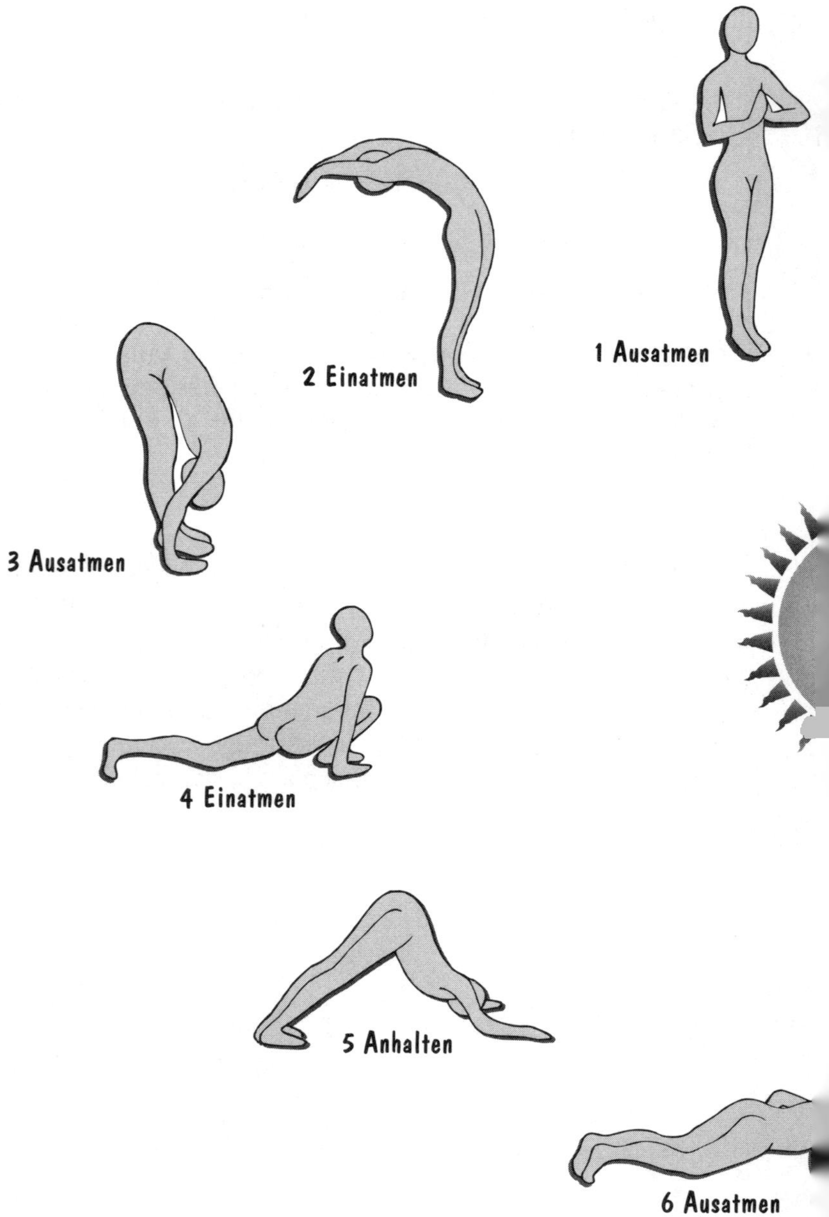
1 Ausatmen
2 Einatmen
3 Ausatmen
4 Einatmen
5 Anhalten
6 Ausatmen

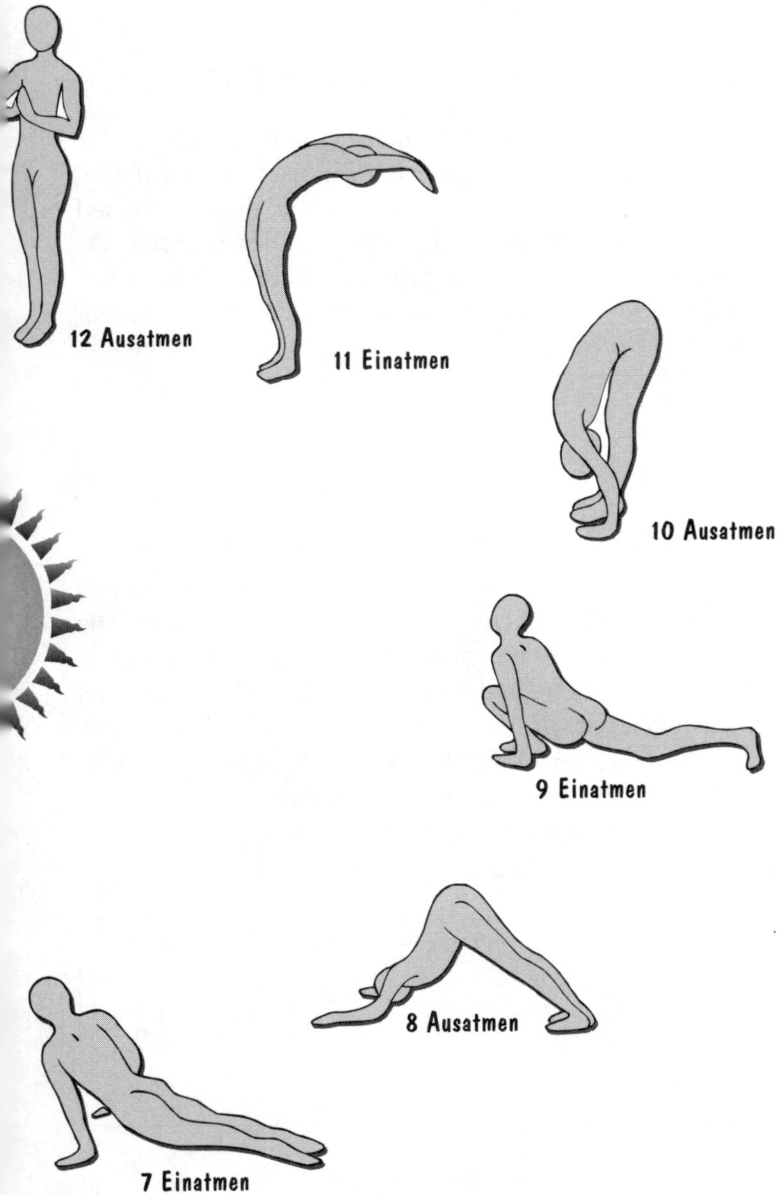

Der Gruß an die Sonne

6. Motivation

Ohne Sinn kein erreichbares Ziel

Haben Sie Lust auf ein kleines Experiment? Gut, dann nehmen Sie eine Stoppuhr zur Hand und prägen sich die nachfolgenden fünf Wörter ein. Bevor Sie sich das erste Wort ansehen, drücken Sie auf die Uhr. Messen Sie durch ein zweites Drücken der Stoppuhr die Zeit, wenn Sie glauben, die Wörter gelernt zu haben. Dann reproduzieren Sie die Wörter auswendig, zur Kontrolle am besten gegenüber einer anderen Person.

Onesn
Ktafr
Lbeei
Ebdna
Ekezr

Geschafft? Nun, ich kann Ihnen versichern, dass in meinen Seminaren kaum jemand diese Übung erfolgreich zu Ende führt. Die Teilnehmer brauchen sehr lange, bis sie glauben, diese für sie sinnlosen Wörter zu beherrschen, und dann stellt sich doch heraus, dass sie nach dem zweiten oder dritten scheitern. Durchschnittlich liegen sie bei einer Zeit von drei Minuten und ca. 60-prozentiger Treffsicherheit, d.h. drei Wörter wurden richtig behalten.

Damit Sie nun auch ein Erfolgserlebnis haben, hier noch ein zweiter Versuch. Wiederholen Sie die Übung mit folgenden sinnhaltigen Wörtern:

Sonne
Kraft
Liebe
Abend
Kerze

Jetzt haben Sie sicherlich nur Sekunden gebraucht, bis Sie die Liste hundertprozentig beherrschten. Im Durchschnitt brauchen Testpersonen zehn Sekunden für die völlig korrekte Wiedergabe aller fünf Begriffe. Welche Rückschlüsse ziehen wir aus dieser Übung?

- Zunächst einmal ist Sinn etwas Subjektives, da die „sinnlosen“ Wörter der ersten Liste durchaus in anderen Sprachen Sinn ergeben können. Stellen Sie sich vor, die Worte der ersten Liste entstammen der Maori-Sprache. Ein Maori würde sie sich also leicht merken, da er ihren Sinn erkennt. Andererseits würden ihm die fünf deutschen Begriffe der zweiten Liste „spanisch“ vorkommen. Der Sinn ist unbedingt hilfreich und das gilt nicht nur für die Merkfähigkeit im Hinblick auf Wortlisten, sondern auf alle Bereiche des menschlichen Lebens und für jeden Menschen, der einen Sinn findet.
- Sinn führt zu einer starken Leistungssteigerung, mit anderen Worten: Er aktiviert den Eustress gewaltig. Die Steigerung der Merkfähigkeit von 180 Sekunden (sinnlose Wörter) auf zehn Sekunden (sinnvolle Wörter) und ihre Qualitätssteigerung von 60 Prozent auf 100 Prozent Trefferquote zeigen, welche ungeheure Rationalisierung und Leistungssteigerung Sinn bewirken kann. Und diese Steigerung ist keineswegs mit vermehrter Anstrengung verbunden, sondern bedeutet im Gegenteil eine Erleichterung und mehr Spaß.

Daraus folgt, dass Sinn allein schon die Qualität und das Tempo der Leistung steigert bei gleichzeitiger Verringerung an Anstrengung. Sinn ist also ein heftiger Motivationsfaktor, der Begeisterung hervorruft. Umgekehrt wird kaum jemand eine Handlung, in der er keinen Sinn erkennt, erfolgreich ausführen. Das oben geschilderte Experiment können Sie jederzeit wiederholen, nicht nur im Zusammenhang mit Wortlisten: Es ist auf alle anderen Bereiche übertragbar.

Zum Zusammenhang zwischen Lebenssinn und Lebensführung fällt mir ein beeindruckendes Beispiel ein, von dem ich vor vielen Jahren in einem Vortrag von Viktor Frankl erfahren habe. Er stellt darin einen Amerikaner vor, der als junger Mann durch einen Stromschlag beide Beine und Arme verlor. Anstatt jedoch aufzugeben, fand dieser junge Mann nach einiger Zeit einen neuen Lebenssinn darin, dass er anderen Menschen in ähnlicher Situation half, mit ihrem Schicksal zurechtzukommen. Schließlich half ihm dieser Lebenssinn, mit Prothesen umzugehen, und er baute sich eine neue Existenz auf. Einige Jahre später behauptete er in einem Interview, dass er erst durch den Unfall einen Sinn in seinem Leben fand. Vor diesem Unfall sei er zu Tode gelangweilt und oft betrunken gewesen. Frankl wirft die Frage auf: Braucht es Leid, um Sinn zu finden? In dieser apodiktischen Form ist die Frage sicher zu verneinen. Und doch kann man im Leid durchaus einen Sinn finden. In jedem Fall aber gilt:

> Egal was passiert: Es ist darin immer ein Sinn enthalten, und den gilt es zu entdecken.

Die Erkenntnis, dass in allem, was sich in unserem Leben ereignet, ein tieferer Sinn verborgen ist, kann zu einer starken Triebfeder für unser Verhalten werden. Wer seinen Lebensweg hingegen im Glauben an Zufälle, Unfälle und Schicksalsschläge geht, muss sich blinden Mächten hilflos ausgeliefert fühlen. Was immer ihm zustößt, wird er mit Fatalismus und Resignation hinnehmen und wahrscheinlich immer beklagen. Eine solche Sichtweise führt zu einem Gefühl von Fremdbestimmtheit und Entmündigung und letztlich wird dieser Mensch in der Logik der selbst erfüllenden Prophezeiung (siehe Seite 142) tatsächlich kaum noch sein Leben selbst in die Hand nehmen.

Wer aber aktiv nach dem Sinn der Ereignisse sucht, wird ihn in jedem einzelnen finden: einen Sinn, der im Zusammenhang mit dem eigenen Lebensweg, der eigenen Persönlichkeit steht und eine aktive Antwort, ein selbstbestimmtes reaktives Verhalten provoziert. Die Sinnhaltigkeit unseres Lebens macht dieses lebenswert und motiviert uns zu herausragenden Handlungen.

In meinem Leben gab es einige schwierige Phasen, in denen ich mit meinem Schicksal haderte. So trat ich einmal in eine Firma ein, die schlecht geführt worden war und deshalb kurz vor der Schließung stand, was mir als dem verantwortlichen Betriebswirt dieses Unternehmens natürlich nicht verborgen blieb. Auch das Arbeitsklima war denkbar schlecht. In dieser Situation fragte ich mich unglücklich, warum ich eigentlich ein gut gehendes Unternehmen zugunsten dieses maroden Betriebs verlassen hatte. Auch wenn ich keinen Sinn entdecken konnte, versuchte ich aus der Situation das Beste zu machen. Ich beobachtete und trachtete danach, so viel wie möglich zu lernen: vor allem, welche Fehler man vermeiden sollte, was Mitarbeiter demotivierte, warum Geschäftsführer sich mehr von ihrer Eitelkeit als dem Erfolg des Unternehmens leiten ließen und wie der Machtkampf unter den Verantwortlichen geführt wurde. So konnte ich meine Situation akzeptieren und im Sinne des „Love it" aus ihr lernen. Gleichzeitig wollte ich das „Change it" verwirklichen, indem ich Vorschläge für Verbesserungen vortrug und vehement deren Umsetzung einforderte. Als meine Bemühungen fruchtlos blieben, entschied ich mich für das „Leave it" und wechselte ein halbes Jahr später das Unternehmen.

Heute weiß ich, dass die in dem negativen Unternehmen verbrachte Zeit mich stark bereicherte: Ich weiß seitdem, was es heißt, in einem schlechten Betriebsklima zu arbeiten, und ich weiß, was es heißt, Angst um den Arbeitsplatz zu haben. Diese Erfahrung hilft mir dabei, mich beim Coaching in Menschen hineinzuversetzen, die in einer ähnlichen Situation sind, und ihnen gezielt zu helfen. Auch wenn ich damals den Sinn nicht erkennen konnte, sehe ich ihn heute: Ich habe gelernt, dankbar über stabile Verhältnisse zu sein, und weiß, dass ein angenehmes Arbeitsklima keineswegs eine Selbstverständlichkeit ist, weswegen ich es heute ganz besonders genießen kann. Die damals gewonnenen Erfahrungen haben mich bereits auf meine Coach-Tätigkeit vorbereitet, ohne dass ich überhaupt wusste, dass ich je Coach werden würde. Außerdem hat mich die schlechte Zeit abgehärtet und stark gemacht, was durchaus zu verallgemeinern ist:

Schlechte Zeiten sind nicht nur negativ, sondern sie bereichern uns an wertvollen Erfahrungen und bringen uns weiter. Wenn wir mit der Zuversicht durchs Leben gehen, dass auch seine verschlungenen Pfade und scheinbaren Umwege einen tieferen Sinn haben, so wird sich dieser uns zu einem späteren Zeitpunkt erschließen.

?

Erinnern Sie sich an ein Erlebnis, das Ihnen vollkommen sinnlos erschien? Überlegen Sie einmal, welcher tiefere Sinn in ihm stecken könnte. In welcher Weise hat es sich auf Ihr oder ein anderes Leben ausgewirkt oder könnte sich einmal darauf auswirken?

Auch in einfachen Begebenheiten ist ein Sinn verborgen. Wenn Sie beispielsweise jemand warten lässt, machen Sie zwar eine unmittelbar unangenehme Erfahrung. Aber Sie wissen dann auch, wie es für jemand anderen ist, den Sie Ihrerseits einmal warten lassen. Dann können Sie sich entsprechend verhalten, um dessen Ärger und negative Auswirkungen auf Ihr Verhältnis möglichst gering zu halten.

Ärgern Sie sich also nicht über solche Unannehmlichkeiten, sondern suchen Sie nach dem Sinn, der in der schwierigen Situation enthalten ist. Betrachten Sie sie als Herausforderung, möglichst spielerisch mit ihr fertig zu werden. Nutzen Sie die Situation als eine Übung in Geduld, in Flexibilität und einem verbesserten Umgang mit sich selbst. Machen Sie das Beste aus ihr, heißen Sie sie willkommen: Nur so können Sie an ihr wachsen. Sobald Sie den Sinn erkennen, empfinden Sie die Schwierigkeit nicht mehr als unangenehm, sondern sind neu motiviert und können, bildlich gesprochen und auf das Eingangsbeispiel bezogen, die Situation statt in 180 Sekunden nun in zehn leistungsstarken Sekunden meistern.

Stellen Sie sich daher immer wieder die Frage: „Hat dieses Ereignis für mich einen Sinn, und welcher könnte es sein?“

Ziel und Zielerreichung

Untrennbar mit dem Sinn des Lebens sind die selbst gesteckten Ziele verbunden. Mit Hilfe eines klar umrissenen Zieles können Sie sich zu erstaunlichen Handlungen motivieren, auf die Sie all Ihre Kräfte konzentrieren. Jeder kennt das Beispiel des Tellerwäschers, der, von

Anfang an sein Ziel reich zu werden vor Augen, sich zum Millionär emporarbeitet. Es gibt systematische Untersuchungen über die Eigendynamik, die von einer klaren Zielsetzung im Hinblick auf die Umsetzung dieser Ziele ausgeht: Die Reichtümer des ehemaligen Tellerwäschers sind ihnen zufolge weder Zufälle noch Einzelfälle. Denn aus einem wohl definierten Ziel kann eine dauerhafte Eigenmotivation erwachsen, die zur Verwirklichung des Ziels entscheidend beiträgt.

Im Mentaltraining von Sportlern ist die Zieldefinition ein wesentliches Motivationselement. Für mich war es eine eindrückliche Erfahrung während meiner Arbeit mit Sportlern, dass der Erfolg weniger auf komplizierte, ausgetüftelte Mentaltechniken zurückgeht als vielmehr darauf, wie stark ein Spieler aus seinem Inneren heraus motiviert ist, sein Ziel zu erreichen, und sei es noch so hoch gesteckt. Egal welchen Spitzensportler man betrachtet: Alle kannten sehr früh ihr Ziel und setzten alles daran, es zu verwirklichen. Ein Sportler ohne klares Ziel kann nicht reüssieren.

Ein interessantes Beispiel ist der österreichische Tennisspieler Thomas Muster. Seine beiden Ziele waren, in Paris das French Open zu gewinnen und unter die Top Ten der Weltrangliste zu gelangen. Tatsächlich arbeitete er sich trotz Verletzungen an die Weltspitze hinauf, gewann Paris und gelangte sogar auf Platz Eins der Weltrangliste. Doch sobald er seine beiden Ziele erreicht hatte, verschwand er aus der Weltspitze. Er hatte zwar noch eine gewisse Stärke und konnte mit dem Tennisspielen weiterhin Geld verdienen, aber er hatte dann kein weiteres Ziel mehr und beendete seine Karriere zwei Jahre später.

Was ist bei der Zieldefinition zu berücksichtigen?

- Wenn Sie sich auf ein Ziel konzentrieren, lenken Sie automatisch Ihre gesamte Energie darauf. Energie folgt der Aufmerksamkeit. Rufen Sie sich daher Ihr Ziel regelmäßig ins Gedächtnis, mindestens einmal pro Woche. Da sich die Rahmenbedingungen immer wieder ändern, ist eine gelegentliche Überarbeitung des Ziels erforderlich, damit es der Realität angepasst wird.
- Richten Sie all Ihre Energie auf die Erfüllung Ihres Vorhabens.

- Formulieren Sie Ihr Ziel schriftlich. Schließen Sie einen Vertrag mit sich selbst. Die schriftliche Darlegung Ihrer Gedanken führt zu größerer Klarheit und Präzision. Latente Widersprüche treten dabei zutage und können beseitigt werden. Je klarer und eindeutiger ein Ziel formuliert ist, desto leichter lässt es sich visualisieren und im Unterbewusstsein verankern – ein wesentlicher Schritt zur Erreichung des Ziels.
- Setzen Sie dabei Ihre Sinne ein und lesen Sie sich Ihre schriftlich fixierten Ziele laut vor, sodass nach den Händen (beim Schreiben) auch die Augen (vorlesen) und Ohren (zuhören) miteinbezogen werden. So verankern Sie Ihre Zielvorstellung noch stärker in Ihrem Unterbewusstsein.

Zielsetzung, 1. Teil

Setzen Sie sich regelmäßig Ziele? Wann zum letzten Mal? Falls Sie dies noch nicht getan haben, legen Sie gleich jetzt das Buch zur Seite und schreiben auf ein Blatt Papier, was Ihre Ziele für das nächste halbe Jahr sind. Was ist Ihr wichtigstes berufliches und privates Ziel? Beschreiben Sie Ihr(e) Ziel(e) so detailliert wie möglich. Tun Sie das bitte jetzt und lesen Sie erst dann weiter, denn auf Ihrer Zielsetzung bauen die Übungen auf den folgenden Seiten auf.

Lassen Sie mich Ihnen an dieser Stelle noch einige Informationen aus meiner Erfahrung mit Zielsetzungen geben:

- Setzen Sie sich ausschließlich solche Ziele, die Sie aus eigener Kraft erreichen können. Ein Ziel, dessen Erreichung nur zu einem geringen Teil in Ihrer Macht steht, ist einfach falsch gewählt. Eine ausgezeichnete Methode zur Ermittlung der möglichen eigenen Beiträge ist das *Mind-Storming* (siehe unten).
- Wenn Sie Ihr Ziel definiert haben, vergegenwärtigen Sie sich seine positiven Konsequenzen für Sie und die erforderlichen ersten Schritte.

Zielsetzung, 2. Teil

Nehmen Sie wieder das Blatt zur Hand und notieren Sie nun alle positiven Konsequenzen, die sich aus dem Erreichen Ihres Ziels ergeben. Anschließend überlegen Sie schriftlich, wie Sie vorgehen, um Ihr Ziel zu erreichen. Welche Schritte werden Sie ganz konkret zuerst unternehmen? Diese sollten so eindeutig formuliert sein, dass völlig klar ist, was genau Sie wann tun werden. Legen Sie das Blatt dann noch einmal zur Seite und lesen Sie erst weiter.

Manche gedanklichen Einstellungen können der Erreichung bestimmter Ziele im Wege stehen. Wenn Sie dies erkennen und zu ändern bereit sind, werden Sie feststellen, dass Sie den Kurs zu Ihrem Ziel allein aufgrund Ihrer gedanklichen Disziplin bereits korrigiert haben. Einstellungen beeinflussen Verhalten, das wiederum Reaktionen hervorruft, die ihrerseits die Einstellung bestärken. Dieser Regelkreis verdeutlicht, wie wichtig eine Korrektur der

Zielsetzung, 3. Teil

Nehmen Sie wieder das Blatt zur Hand und schreiben Sie zum Schluss auf, ob Sie an sich eine Einstellung erkennen, die Sie am Erreichen des Ziels hindert. Können Sie Ihr Ziel leichter erreichen, wenn Sie Ihre Einstellung oder Ihr Verhalten ändern? Wie könnte Ihre neue Einstellung oder Ihr neues Verhalten aussehen?

Falls Sie merken, dass Sie jetzt keine Lust zu dieser Übung haben, ist dies fast ein sicheres Zeichen dafür, dass Sie Ihr Ziel nicht „richtig" definiert haben. Es kommt nicht aus Ihrem Herzen, sondern ist wahrscheinlich rein intellektuell gesetzt. Und es ist Ihnen nicht so wichtig, dass Sie alles zu seiner Erreichung tun würden. Am besten korrigieren Sie Ihr Ziel oder suchen sich ein neues.

Einstellung im Hinblick auf ein Ziel sein kann. Die richtige Einstellung muss ab sofort gelten.

Wie steht es mit Ihrer Bereitschaft, Ihre Einstellung zu Ihrem Ziel zu ändern? Oft wünschen wir uns, ein Ziel zu erreichen, ohne daran zu denken, dass dies auch einen Preis kostet, und ohne uns zu fragen, ob wir bereit sind, diesen Preis zu zahlen. Er besteht nämlich in der Energie und der Konsequenz, die wir selbst aufzubringen haben. Der Wunsch nach der Zielerreichung allein reicht nicht aus. Wir müssen uns auch in einem solchen Maße dafür begeistern, dass wir bereit sind, den Preis zu bezahlen. Wenn Sie mit Ihrer bisherigen Einstellung und mit dem daraus resultierenden Verhalten Ihr Ziel nicht erreicht haben, dann wird es Zeit, etwas anderes auszupro-

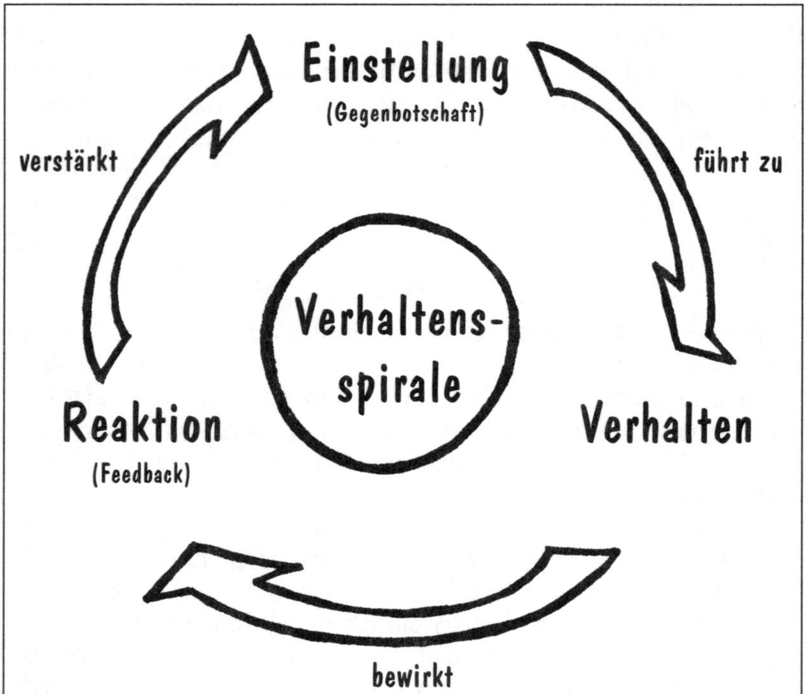

Wie im Innen, so im Außen

bieren. Sollten Sie auch mit einer veränderten Einstellung nicht weiterkommen, dann ändern Sie Ihre Einstellung erneut – so lange, bis es funktioniert. Probieren Sie es einfach aus.

Häufig stelle ich fest, dass die Menschen sich zu viele Ziele setzen. Anstatt ihre Aufmerksamkeit auf ein einziges Ziel zu konzentrieren, teilen sie sie auf zu viele Ziele auf, und es kommt dann zu einer Verflachung. Aus der Vielzahl an Zielen können nur einige wenige erreicht werden, und dies sind oft nicht unbedingt die wichtigen. Im Zusammenhang mit Zielsetzungen sollten Sie also die Devise „Weniger ist mehr" beachten und auch hier den Leistungszwang durchbrechen.

Mind-Storming

Nehmen Sie sich 15 Minuten Zeit. Rufen Sie sich Ihr Ziel in Erinnerung und notieren Sie auf ein leeres Blatt die Frage: „Was kann ich aus eigener Kraft tun, um mein Ziel ‚x' (genaues Ziel hinschreiben) zu erreichen?"
Nun listen Sie 15 Antworten, also 15 Ideen, auf. Die Antworten dürfen sich nicht wiederholen, jedoch vertieft oder ergänzt werden. Akzeptieren Sie keinesfalls weniger als 15 Punkte!
Danach kreuzen Sie jene Punkte an, die Sie sofort umsetzen können, sowie diejenigen, die für Sie besonders wichtig sind oder Ihnen Freude bereiten.
Dieses Prozedere wiederholen Sie sieben Tage lang – einen kompletten Wochenzyklus. Dabei dürfen Sie nicht die Antworten vorheriger Tage wiederholen. Wenn Ihnen zu rasch die Antworten ausgehen, haben Sie vielleicht die Frage zu eng gestellt, erweitern Sie sie auch auf Nachbarbereiche, um mehr Möglichkeiten zu schaffen. Sie werden staunen, welches Kreativitätspotenzial sich Ihnen eröffnet, wenn Sie sieben Tag lang in der Schwingung Ihrer Frage und der möglichen Antworten leben. Beachten Sie, dass die vielleicht geniale Antwort erst am vierten oder sogar am siebten Tag für Sie dabei ist. Deshalb heißt es: Durchhalten und Geduld haben!

Das *Mind-Storming* ist eine gute Übung, um den Glauben an die eigenen Ziele zu stärken und Begeisterung für sie zu wecken – oder aber herauszufinden, dass Sie sich Ihr Ziel nicht richtig gesetzt haben, dann nämlich, wenn die Begeisterung ausbleibt und Ihnen nichts einfällt. Am besten wenden Sie diese Methode an, wenn Sie den Wald vor lauter Bäumen nicht sehen, d. h. wenn Sie zwar Ihr Ziel definiert haben und auch davon überzeugt und bereit sind, jeden vertretbaren Preis dafür zu zahlen, aber noch nicht wissen, was genau Sie dazu beitragen können.

Dies ist der Moment, da Sie in Ihrem Unterbewusstsein auf der Suche nach Ihrem inneren Wissen stöbern sollen – mit Geduld, Konsequenz und Spontaneität. Die *Mindstorming*-Methode bewirkt Wunder. Alle mir bekannten Menschen, die diese Methode eine Woche lang anwendeten, waren von den Ergebnissen begeistert. Auch verrückte Ideen dürfen Sie spontan aufschreiben und damit Grenzen sprengen. Natürlich lässt sich diese Methode ebenfalls beim Laufen anwenden – Sie erinnern sich an die Problemlösungs-Technik während des Laufens (Seite 157). Es wäre doch gelacht, wenn bei 105 Antworten, die Sie sich selbst geben, nicht die richtige(n) dabei wäre(n).

Der persönliche Nutzen

Warum verfolgen Menschen Ziele? Wenn Sie sich diese Frage stellen, werden Sie auf Anhieb viele Antworten finden. Doch aus motivationspsychologischer Sicht gibt es nur zwei Grundantworten. Wie beim Computer ist das zugrunde liegende System sehr einfach. Bei aller Komplexität der Programme unterscheidet der Computer doch nur zwischen Nullen und Einsen. Ähnlich verhält es sich mit der Motivation des Menschen, Ziele zu erreichen: Ihr liegen immer nur zwei Motive zugrunde:

- Lustgewinn oder/und
- Schmerzvermeidung

Lustgewinn ist etwa dann das Motiv für das Erreichen des Ziels „Ich will regelmäßig Sport treiben", wenn Sie sich davon Freude an einem schlanken Körper und physisches Wohlbefinden versprechen. Wenn Sie hinter diesem Ziel vielmehr den Effekt sehen, dass körperliche Fitness das Immunsystem stärkt und daher Krankheiten verhindert, so steht das Motiv der Schmerzvermeidung im Vordergrund. Das Ziel an sich ist in Wahrheit gar nicht so interessant. Der entscheidende Antrieb zur konsequenten Zielerreichung ist vielmehr in den positiven Konsequenzen – Lustgewinn oder Schmerzvermeidung – enthalten. Lassen Sie mich dies an einem Beispiel verdeutlichen:

Stellen Sie sich vor, Sie haben zwei Kinokarten besorgt, für sich und Ihre/n Partner/in. Nun erhalten Sie einen Arbeitsauftrag, der den Kinobesuch vereitelt. Wie verhalten Sie sich in dieser Situation? Ihre Entscheidung hängt davon ab, welches Motiv das stärkere ist. Zum Zweck der Schmerzvermeidung werden Sie nur reagieren. Sind Sie durch den erwarteten Lustgewinn motiviert, werden Sie vielmehr agieren, da Sie in Ihrer Handlung einen Sinn sehen und also intrinsisch, d. h. von innen heraus, motiviert sind. Nehmen wir einmal an, dieser gemeinsame Kinobesuch mit Ihrem/r Partner/in ist definitiv die letzte Möglichkeit, ihre Ehe zu retten, die in einer schweren Krise steckt. Dann werden Sie zwecks Schmerzvermeidung, z. B. zur Verhinderung einer schmerzhaften Scheidung, den Auftrag ablehnen. Wenn dieser Auftrag hingegen eine große Herausforderung an Ihre Fähigkeiten stellt und somit eine tiefe Befriedigung und zudem noch einen interessanten materiellen Gewinn verspricht, werden Sie die Kinokarten verfallen lassen oder verschenken und den gemeinsamen Kinobesuch einfach um ein paar Tage verschieben.

Neben der schon erwähnten intrinsischen Motivation gibt es die so genannte extrinsische. Extrinsisch motiviert ist man durch einen Anreiz von außen. Bietet Ihnen jemand Geld für die Erledigung einer Aufgabe und übernehmen Sie diese ausschließlich deshalb, weil Sie das Geld haben wollen, so ist Ihre Handlung nicht durch Ihr eigenes primäres Interesse, sondern durch ein sekundäres motiviert. Wenn Sie beispielsweise ein Haus bauen und dafür viel Geld benötigen, werden Sie sich stark extrinsisch, also durch Geldanreize, motivieren lassen. Ihre verdoppelten beruflichen Anstrengungen, durch die Ihnen zusätzliche Prämien winken, gelten dann eher Ihrem Haus als Ihrem Interesse an der jeweiligen beruflichen Herausforderung. Gelingt es Ihnen, in dieser Situation viel Geld aufzubringen und damit das Haus fertig zu stellen und zu bezahlen, wird dies in Ihnen Zufriedenheit hervorrufen.

Zufriedenheit aber ist Folge von sowohl Schmerzvermeidung als auch Lustgewinn und damit eine intrinsische Motivation. Eine echte Motivation, die schwankende äußere Bedingungen überdauert, kann nur aus dem Inneren entstehen. Gleichwohl braucht sie zu ihrer Verwirklichung äußere Anreize. Wenn Sie beispielsweise intrinsisch motiviert sind, sich selbst zu verwirklichen, brauchen Sie natürlich dazu auch den entsprechenden Rahmen. In einer Firma, deren Richtlinien Ihrer Selbstverwirklichung entgegenstehen, würden Sie von außen demotiviert. Ihre intrinsische Motivation könnten Sie dabei nicht einlösen und deshalb entweder unglücklich werden oder kündigen. Was die richtige Lösung in diesem Fall ist, liegt wohl auf der Hand: Je schneller Sie kündigen, umso besser für Sie!

Es ist also für jede Firma wichtig, die intrinsischen Motivationen ihrer Mitarbeiter zu kennen und sie möglichst mit den extrinsischen, also den beruflichen Rahmenbedingungen, in Übereinstimmung zu bringen. Gelingt dies, so arbeiten die Mitarbeiter mit ständiger Eigenmotivation. Die Ziele sind dann quasi Ausdruck der intrinsischen Motivation. Wenn die Zielerreichung sowohl persönliche Sinnerfüllung und Lustgewinn als auch zusätzliche Anerkennung und materielle Zuwendung bedeutet, ist die optimale Situation erreicht.

Sinnvoll ist es, sich genau zu überlegen, welcher Art die Motivation ist, die Sie selbst, Ihre Familie, Ihre Mitarbeiter u.a. brauchen, und die Betroffenen in diesen Entscheidungsprozess mit einzubeziehen. Als Coach stoße ich in Betrieben immer wieder darauf, dass die Geschäftsleitung sich Benefit-Systeme ausdenkt, um Mitarbeiter zu motivieren, z.B. Belohnungsreisen für besondere Leistungen. Aber für einen erfolgreichen Mitarbeiter kann eine solche Reise beim vierten Mal zu einem Problem werden. So mancher muss, um die Prämienpunkte zu erreichen, ohnehin besonders viel reisen, und eigentlich ist ihm dann mehr nach heimischer Ruhe zumute als danach, eine zusätzliche Belohnungsreise anzutreten. Vielleicht wünscht er sich als Prämie einen erweiterten Aufgabenbereich. Seine extrinsische Motivation (Anreiz durch die Belohnungsreise) erlahmt – und damit auch seine Leistung –, worüber der wohl meinende Vorgesetzte dann verwundert und enttäuscht ist. Besser bleibt dieser also mit seinen Mitarbeitern im offenen und vertrauensvollen Gespräch über das, was diese sich entsprechend ihrer jeweiligen Lebenssituation aktuell wünschen.

Ein solch sensibles Eingehen auf die Bedürfnisse der Mitarbeiter gibt diesen die Möglichkeit, ihre intrinsischen Motivationen bei der Arbeit zu verwirklichen, es schafft ein sehr menschliches Arbeitsklima – und es kostet weniger. Meine Coaching-Erfahrungen zeigen immer wieder, dass finanzielle Zuwendungen (extrinsischer Motivationsfaktor) den meisten Mitarbeitern weniger wichtig ist als Anerkennung, ein größeres Mitspracherecht und mehr Informationen (intrinsisch). Sie wollen ernst genommen werden, zu Firmenstrategien ihre Meinung äußern und wissen, warum diese geändert werden. Was sie nicht wollen ist: Direktiven erhalten oder mit unehrlichen Plattitüden abgespeist werden.

Zielüberprüfung

Wenn Sie, wie in diesem Kapitel dargestellt, Ihr Ziel ermittelt und Strategien zu dessen Erreichung festgelegt haben, notieren Sie sich in Ihrem Kalender einen Tag in sechs Monaten, an dem Sie Ihr Ziel überprüfen werden. Eine regelmäßige Zielüberprüfung hilft Ihnen, Fortschritte zu erkennen oder Ziele zu revidieren, wenn diese sich als nicht mehr aktuell erweisen.

Lassen Sie mich abschließend noch einen wichtigen Punkt zum Thema Zielerreichung erwähnen: Wenn wir uns die Lebensgeschichte erfolgreicher Menschen vor Augen führen, wird deutlich, dass die meisten durch eine starke Begeisterung für ihre Sache angetrieben wurden bzw. werden. Wie viele Rückschläge und Anfeindungen sind in der Geschichte so vieler naturwissenschaftlicher Entdeckungen enthalten? Und doch ließen die großen Geister sich nicht entmutigen. Immer wieder richteten sie alle Energien auf ihr Ziel: die große medizinische, naturwissenschaftliche oder sonstige Entdeckung, der sie ihr Leben widmeten.

Wir alle haben in uns mehr oder weniger deutlich erkennbar die Begeisterung für unser Lebensthema, für das Ziel. Es lohnt sich, diese Begeisterung in uns zu suchen, sie zu erwecken und zu pflegen. Sie unterstützt uns dabei, dass wir uns nicht entmutigen lassen, sondern ohne Mühe die Kraft für die Zielerreichung aufbringen. Solange unsere Begeisterung für ein Ziel stark genug ist, können wir es erreichen, wie auch immer es aussieht.

Auf einen Blick: Umgang mit Zielen

- Nur solche Handlungen wirken motivierend und leistungssteigernd, in denen man einen Sinn erkennt.
- Jeder Handlung wohnt ein tieferer Sinn inne, den wir suchen sollten. So können wir aktiv in eine Wechselbeziehung mit den äußeren Ereignissen treten und unser Leben selbst in die Hand nehmen.
- Aus einem wohl definierten Ziel kann eine dauerhafte Eigenmotivation erwachsen, die zur Verwirklichung des Ziels entscheidend beiträgt.
- Selbst gesetzte Ziele sollten klar und eindeutig formuliert sein, aus eigener Kraft erreicht werden können und durch eine für die Zielerreichung günstige Einstellung unterstützt werden.
- Jedes Ziel lässt sich auf die Motivatoren Lustgewinn oder Schmerzvermeidung zurückführen.
- Überprüfen Sie nach sechs Monaten die Gültigkeit Ihrer Ziele.
- Die uneingeschränkte Begeisterung für ein Ziel hilft, dieses zu erreichen.

7. Die Kraft der Gedanken

Sie erinnern sich an meine Ausführungen zur selbst erfüllenden Prophezeiung: Was man von anderen oder von sich selbst erwartet, wird wahr. Fragen wir uns also: Wie denken wir über andere, wie über uns selbst?

Betrachten wir die Auswirkungen unserer Gedanken auf unsere Wirklichkeit. Im Laufe eines Tages denken wir zahllose Gedanken und halten unzählige Zwiegespräche mit uns. Wenn diese positiv sind, d.h. voller Selbstbewusstsein, Anerkennung und Eigenliebe, dann wird aus uns im Laufe der Zeit genau ein solcher Mensch: selbstbewusst, respekt- und liebevoll, einer, der nicht überheblich ist, sondern mit beiden Beinen fest im Leben steht und seine Ziele erreicht.

Wie stark dieser Zusammenhang ist, verdeutlicht folgende Begebenheit: Bei einem Coaching in einer großen Firma schlug ich eine Team-Übung vor, bei der die Teilnehmer über ein zwischen zwei Bäumen einen halben Meter über dem Erdboden gespanntes Seil balancieren sollten, wobei sie sich gegenseitig stützen durften. Diese Übung erforderte Geschicklichkeit und Mut. Obwohl ein Team sich bereits erfolgreich an die Aufgabe gemacht hatte, war der Verkaufsleiter skeptisch. Seiner Meinung nach war die Aufgabe unsinnig und unlösbar. Immerhin war er nach einiger Zeit bereit, es selbst zu probieren. Zusammen mit zwei Kollegen aus dem Verkauf machte er einen Versuch, doch trotz seiner offensichtlichen Sportlichkeit stellte er sich so ungeschickt an, dass er schließlich von dem Seil herunterfiel. Mit der Bemerkung: „Habe ich's doch gewusst, dass es nicht geht!“ wartete er das Ende der Übungszeit ab und fand immer neue Argumente, die dafür sprachen, dass die Aufgabe unter den gegebenen Umständen nicht zu lösen sei.

Was er nicht wusste: Diese Übung hatte ich schon Dutzende Male durchführen lassen, und immer hatten die Menschen viel Spaß bei der zu bewältigenden Aufgabe gehabt. Tatsächlich versuchten es gegen Ende der Zeit zwei zierliche Damen aus dem Innendienst, die sich fragten, ob die Aufgabe nicht doch zu lösen sei. Sie gelangten sicher über das Seil und schafften zur Beschämung der drei

Verkaufsprofis das, was diesen nicht gelungen war. Allen wurde klar, dass diese nicht an der Übung, sondern an ihrer inneren Einstellung gescheitert waren.

Für mich war diese Begebenheit bezeichnend. Sie zeigte wieder einmal, dass ein Mensch, der davon überzeugt ist, etwas nicht zu können, dies auch tatsächlich beweisen wird. Das geschieht nicht bewusst, sondern aufgrund seines entsprechend programmierten Unterbewusstseins.

Dieses Beispiel ist übrigens nur eines von vielen, die ich erlebt habe. Immer haben die Menschen rational wirkende „Erklärungen", warum etwas nicht funktionierte: entweder war das Seil zu locker oder – übertragen auf andere Situationen – die Konkurrenz war zu stark, oder die Produkte waren nicht ausgereift oder der Preis stimmte nicht ... Nein, all diese Gründe sind zumeist vorgeschoben. Was in Wirklichkeit nicht stimmt, ist die Einstellung. Die Einstellung zu uns selbst in unserer Eigenschaft als Verkäufer oder Kunde oder was auch immer. (Erinnern Sie sich daran, dass die Einstellung Verhalten bewirkt und das Verhalten wiederum eine Reaktion – auch bei uns selbst!)

Der Mensch ist ein soziales Wesen und als solches unglaublich leicht zu beeinflussen, sowohl durch andere als auch durch sich selbst. Hält jemand Sie für toll, so werden Sie tolle Leistungen erbringen. Umgekehrt aber werden Sie versagen, wenn Sie wissen, dass man Ihnen nichts zutraut. Zum Glück sind Sie nicht völlig von der Einstellung anderer Menschen Ihnen gegenüber abhängig, denn die *self-fulfilling prophecy* wirkt auch, indem Sie sich selbst beeinflussen: Ihr Denken ist entscheidend, ja, es ist für Ihre Leistungsfähigkeit das Maß aller Dinge, wie das oben genannte Beispiel beweist. Oft habe ich Menschen sagen hören: „Das kann ich nicht!", „Dazu bin ich nicht fähig." oder: „Ich habe kein Talent dazu." Mit solchen Äußerungen, schon mit diesen Gedanken verhindern Sie Ihren Erfolg. Lassen Sie mich Ihnen dazu noch eine andere beispielhafte Geschichte erzählen:

Bis vor kurzem glaubten die österreichischen Langläufer, dass erstens die Norweger unschlagbar seien und zweitens Österreich keine Langlaufnation sei – bis Walter Maier und Toni Innauer kamen und eine neue Denkweise umsetzten. Toni Innauer erzählte mir bei einem Seminar, dass er nicht einsah, warum die Österreicher in dieser Sportart weniger Erfolg haben sollten als die Skandinavier, die im Sommer ja doch auf Österreichs Gletschern trainieren. Außerdem, so argumentierte er, habe Österreich mehr Einwohner als beispielsweise Norwegen und im Winter sei ausreichend Schnee vorhanden. Toni und sein Cheftrainer waren überzeugt, dass die durchschnittliche Leistung der österreichischen Langläufer in erster Linie auf deren eigene Einstellung zurückzuführen sei. Gegen einige Widerstände, sogar im eigenen Verband, arbeitete man nun daran, bei den Sportlern selbstbewusstes Denken zu stärken. Das Ergebnis sprach für Innauers Theorie: Bei der Weltmeisterschaft 1999 in der Ramsau erzielten die Langläufer nicht nur die erste Medaille für Österreich, sondern gleich vier, darunter die goldene im Staffelwettbewerb gegen Norwegen.

Jetzt werden Sie vielleicht sagen: „Das sind doch Ausnahmen bzw. ganz besondere Beispiele. Was hat das mit mir zu tun?"

An dieser Stelle möchte ich Ihnen eine Frage stellen: Können Sie zeichnen? Wahrscheinlich werden Sie diese Frage mit nein beantworten. Nun eine weitere Frage: Können Sie schreiben? Jetzt werden Sie wohl bejahen. Wenn Sie aber schreiben können, dann wissen Sie, wie man einen Stift hält und ihn so kunstvoll führt, dass auf einem Blatt Papier Zeichen entstehen. Diese Zeichen haben Sie so exakt ausgeführt, dass sie von anderen erkannt und gedeutet werden können. Und da wollen Sie behaupten, dass Sie nicht zeichnen können? Wenn ich Sie jetzt bitten würde, einen Menschen zu zeichnen, werden Sie vielleicht nach Kinderart ein Strichmännchen malen: ebenfalls ein Beweis, dass Sie es können. Wie die meisten Menschen hierzulande haben Sie vermutlich in der Kindheit aufgehört, Ihr Talent zum Malen weiterzuentwickeln. Vielleicht hat damals ein Erwachsener gesagt, dass Sie ganz furchtbar zeichnen, und Sie haben den Glauben an Ihre Fähigkeit verloren und sich nicht mehr weiterentwickelt. Schade um den Künstler in Ihnen, der verkümmerte, weil Sie nicht an ihn glauben.

Meist sind wir uns unserer mentalen Grenzen nicht bewusst. Es ist daher ratsam, einen Mitmenschen zu fragen, der diese Limits möglicherweise sieht bzw. die ungenutzten Möglichkeiten schon erkannt hat. Häufig reagieren wir zuerst ungläubig auf Beobachtungen anderer. Aber wenn wir bereit sind, ihrer Perspektive zu folgen und uns aus einer anderen Warte als der unseren zu betrachten, können wir die Beschränkungen auflösen, mit denen unser Denken uns selbst Steine in den Weg legt.

Ob wir ein erfolgreicher oder kraftloser Mensch sind, hängt in starkem Maße von der Kraft unserer Gedanken ab. Selbst unsere Gesundheit ist davon abhängig. Hypochonder leiden unter eingebildeten Krankheiten und entwickeln im Laufe der Zeit entweder tatsächlich die eingebildete Krankheit oder zumindest deren Symptome, unter denen sie dann leiden. Jemand, der sich wie ein fiebriger Mensch fühlt, obwohl er kein Fieber hat, oder der unter Gelenkschmerzen leidet, obwohl die Gelenke gesund sind, leidet dennoch.

Ich wurde einmal gebeten, die Mentalbetreuung eines abstiegsgefährdeten Fußball-Teams der ersten österreichischen Liga zu übernehmen. Als ich die Sportler bat, sich einander zu sagen, was sie an der Spielweise des jeweils anderen schätzten, reagierten sie interessanterweise völlig verstört. Sie konnten mit dieser Übung nichts anfangen, da sie noch nie zuvor auf die positiven Seiten ihrer Eigenschaften gelenkt worden waren – kein Wunder also, dass ihre Leistungen derart am Boden waren.

Ein guter Freund von mir beeindruckt mich durch seine Art, eine gewisse Verantwortung für die Handlungen der Menschen in seinem Unternehmen zu übernehmen. Wenn jemand aus seiner unmittelbaren Umgebung einen Misserfolg erleidet, hält er sich mit Vorwürfen zurück und fragt sich stattdessen als Erstes: „Was ist mein Beitrag zu diesem Misserfolg?“ Er gelangt also nicht zu dem Urteil: „Dieser Mitarbeiter ist unfähig“, sondern zur Gegenfrage: „Habe ich ihn falsch eingesetzt?“ Er bemüht sich dann sehr ernsthaft, im Gespräch mit dem Betroffenen herauszufinden, was diesem nicht behagt, und mit ihm gemeinsam neue Ziele zu definieren. Dabei scheut er auch nicht davor zurück, seine eigene Einstellung gegenüber einem Ziel zu verändern und dieses eventuell neu zu definieren, sodass es auch dem Mitarbeiter zusagt.

Mit dieser Praxis ist mein Freund außerordentlich erfolgreich: In der Firma gilt er geradezu als der Entdecker und Förderer erfolgreicher Nachwuchskräfte. Alle, mit denen er bisher zu tun hatte, zeichneten sich durch ungeheure Motivation und großen Erfolg aus, den sie auch dann noch hatten, wenn sie zu anderen Firmen wechselten. Umgekehrt gelang es meinem Freund dank seiner positiven, kraftvollen Art das Gute und Fähige in anderen zu erkennen immer wieder, gute Leute für seine Firma zu rekrutieren.

Verantwortung

Fragen Sie sich angesichts eines Misserfolgs, den ein Mensch in Ihrer nahen Umgebung hat: „Was habe ich dazu beigetragen? Was kann ich tun, damit er diesen Misserfolg nicht mehr erlebt?"
Desgleichen freuen Sie sich mit einem anderen über seinen Erfolg und fragen sich: „Was habe ich dazu beigetragen, dass dieses Projekt so gut funktioniert hat?"

Wenn Sie diese Übung praktizieren, übernehmen Sie eine gewisse Verantwortung für die Handlungen, die sich in Ihrem Einflussbereich ereignen – aus der Erkenntnis heraus, dass Sie kraft Ihrer Gedanken, Einstellungen und Erwartungen Ihre Umgebung mitgestalten und beeinflussen.

Auf einen Blick: Die Kraft der Gedanken

- Gedanken werden Wirklichkeit. Was andere und wir selbst über uns denken, wird wahr. Positive Erwartungen an Menschen machen diese leistungsstark, selbstsicher und zufrieden.
- Aufgrund dieser Gedankenkraft sollten wir uns befragen, welchen (unbewussten) Anteil wir am Verhalten unserer Mitmenschen haben.

An den Schluss dieses Kapitels möchte ich ein Gedicht von Marianne Williamson stellen, das von Nelson Mandela in seiner Antrittsrede als Präsident von Südafrika zitiert wurde. Zeit seines Lebens nutzte Mandela die Kraft der Gedanken für sich und seine Ideale. Auch in den Jahrzehnten der Inhaftierung verlor er niemals seine Ziele und den Glauben daran. Dieses Gedicht zeigt die seinen Gedanken innewohnende Kraft:

„In unserem Innern fürchten wir uns nicht vor unserer Unzulänglichkeit.
Wir fürchten uns davor, dass unser Potenzial alle Grenzen sprengt.
Unser Licht, nicht unsere Dunkelheit, ist, was uns am meisten Angst macht.

Wir fragen uns: Wer bin ich, dass ich mir einbilde, brillant, großartig, talentiert, wunderbar zu sein?
Die richtige Frage müsste lauten, warum wir all das nicht sein sollten!

Wir sind Kinder Gottes. Uns klein zu machen bringt die Welt nicht voran. Unser Licht unter den Scheffel zu stellen, um andere nicht zu verunsichern, hat nichts mit Erleuchtung zu tun.
Es ist unser aller Aufgabe zu leuchten – wie Kinder es tun.
Wir wurden geboren, der Herrlichkeit Gottes, die in uns wohnt, eine Gestalt zu geben.
Sie wohnt nicht nur in wenigen, sondern in jedem von uns.
Und wenn wir unser Licht leuchten lassen, geben wir anderen unbewusst die Erlaubnis, es genauso zu tun.
Indem wir uns von unserer Furcht befreien, wirkt unsere Präsenz automatisch befreiend auf andere."

Aus: Marianne Williamson: *Rückkehr zur Liebe.* Goldmann Verlag, München, 1996, S. 180 f.

8. Do it

Sobald Sie Ihr Ziel kennen, d.h. sich dieses bewusst gemacht, es getestet und Ihre Einstellungen darauf abgestimmt haben, sollten Sie es in Angriff nehmen. An diesem ersten Schritt scheitern viele Menschen aus Zögerlichkeit und Unsicherheit. Ich empfehle, dann einfach loszulegen, je früher desto besser. In einer solchen Situation schreibe ich auf ein leeres Blatt, in welcher Reihenfolge ich welche Schritte unternehmen will. Das Blatt sollte bald schon gefüllt sein. Wichtig an dieser Aktion ist, überhaupt etwas zu tun.

Lassen Sie mich dies wiederum mit einem Beispiel konkretisieren: In meinem Coaching-Institut bilden wir auch Menschen zum Coach aus. Die Ausbildung ist überwiegend praxisorientiert, das Einüben von realitätsnahen Situationen spielt eine große Rolle. Die meisten Teilnehmer einer Coach-Ausbildung haben sich zuvor ausführlich mit der entsprechenden Theorie auseinander gesetzt, meist schon verschiedene Ausbildungskurse belegt und Bücher über Management-Philosophie und -Psychologie und ähnliche Themen gelesen. Wenn ich diesen Menschen nun in einem Vorgespräch erkläre, wie praxisnah unsere Ausbildung ist und welche Übungen konkret durchgeführt werden, stoße ich immer wieder auf Zweifel. Die Betroffenen äußern dann, sich mit dem angesprochenen Thema doch erst noch mehr theoretisch beschäftigen zu wollen, als dies bei uns geboten wird, bevor sie endgültig in die Praxis gehen. In diesen Situationen weise ich meine Gesprächspartner auf ihre Zwiespältigkeit hin: Einerseits wollen sie endlich loslegen, andererseits scheuen sie davor zurück mit dem Argument, theoretisch noch nicht fit genug zu sein. Unser Institut ist die Schnittstelle zwischen Theorie und Praxis und stellt den ersten Schritt in die Praxis dar. Bei denjenigen, die ihr ausweichen wollen – und dies sind meist theoretisch bestens ausgebildete Menschen, nicht selten mit Doktortiteln –, wird hier die Angst vor dem „Do it“ deutlich.

In meinen Seminaren habe ich schon häufig Folgendes beobachten können: Einer Gruppe wird eine auf verschiedenen Wegen lösbare Aufgabe gestellt, z.B. wird ein Gegenstand in die Mitte platziert, mit dem etwas geschehen soll. Die Teilnehmer

Do it

Nehmen Sie ein leeres Blatt Papier zur Hand und schreiben Sie auf, welches Problem Ihnen am schwersten im Magen liegt und am schwierigsten zu lösen scheint. Versuchen Sie, es beim Schreiben zu strukturieren. Dabei kommt es nicht darauf an, es besonders ordentlich darzustellen oder ob Sie es aufschreiben oder zeichnen. Sobald der Gedanke, in welcher Form auch immer, zu Papier gebracht worden ist, haben Sie einen Überblick und können eine Struktur erkennen.
Machen Sie in einem zweiten Schritt ein „Mind-Storming" (siehe Seite 191), bei dem Sie die nächsten möglichen und notwendigen Schritte zur Lösung des Problems auflisten.

erörtern nun ausführlich die unterschiedlichen Lösungsmodelle, haben immer neue Ideen, Einwände oder Vorschläge. Kein Einziger aber macht den entscheidenden Schritt, den Gegenstand tatsächlich in die Hand zu nehmen und einen Lösungsweg tatsächlich auszuprobieren. Aus Angst, etwas Falsches zu tun und sich zu blamieren, traut sich keiner hervor. Alle verbergen sich hinter dem Schutzschild der Theorie. Diese Übung wurde in einigen Gruppen nicht erfolgreich beendet, weil die Teilnehmer zu lange über die möglichen Varianten diskutierten, anstatt die Aufgabe zu lösen. In der Phantasie aber sehen Lösungswege immer etwas anders aus als in der Wirklichkeit, und deshalb sollte man ruhig mehr tun.

Der Königsweg des Lernens stellt sich für mich als ein Kreislauf dar, bei dem das *Learning by doing* – Lernen durch Handeln – eine wesentliche Rolle spielt. Jede theoretische Erkenntnis sollte die praktische Umsetzung nach sich ziehen. Indem wir handeln, sammeln wir Erfahrung und somit praktisches Wissen. Dieses kann dann durch zusätzlichen theoretischen Input erweitert werden, und immer so weiter. Nur wenn Theorie und Praxis sich gegenseitig ergänzen und befruchten, erwerben wir ein ganzheitliches Wissen.

Anfangs ist die Umsetzung des „Do it"-Imperativs schwierig, so wie auch ein Coaching zu Beginn nicht ganz einfach ist. Aber nach einiger Zeit kommt man in eine bestimmte Schwingung, aus der heraus die Lösung der Aufgabe eine Eigendynamik erhält. Wie auf einer Welle verfallen wir in einen flüssigen Rhythmus. Die anfängliche Trägheit ist überwunden. Vergleichbar ist dieser Mechanismus mit einem Auto, das beim Anfahren unglaublich viel Energie verbraucht – auf den ersten zwei Kilometern hochgerechnet 40 Liter Benzin auf 100 Kilometer –, und dessen Energiebedarf sich dann aber auf zwischen fünf und zwölf Liter reduziert, wenn das Fahrzeug erst einmal in Schwung geraten ist.

Wie bei einer Maschine ist es auch beim Menschen ungleich leichter, einen vorhandenen Schwung aufrechtzuerhalten als ihn in Gang zu setzen. Übertragen auf die oben genannte Übung bedeutet dies: Vor einem weißen Blatt Papier zu sitzen und ein Problem zu skizzieren ist der erste und gleichzeitig der schwerste Schritt. Wenn Sie sich aber erst einmal eine Stunde damit befasst haben, werden Sie feststellen, wie Ihre Gedanken fließen und Begeisterung in Ihnen wach wird. Solange wir an einem Problem festhalten, wird es in unserer Phantasie immer größer. Sobald wir es aber aus uns herausholen, es formulieren und mit dem Verstand analysieren, wird es auf sein Normalmaß zurechtgestutzt und verliert an Schrecken.

Jede Kleinigkeit, die man in einem System verändert, verändert zugleich auch das gesamte System. Jede Handlung, auch die kleinste, bringt uns unserem Ziel näher.

Do it

Sicher gibt es etwas, das Sie eigentlich schon seit langem vorhaben: ein Projekt beginnen, sich weiterbilden, sich mit jemandem aussöhnen ... Legen Sie jetzt gleich das Buch zur Seite und schreiben Sie Ihre Gedanken zu dem Projekt auf ein leeres Blatt, suchen sich die (wahrscheinlich ohnehin schon irgendwo liegenden) Seminarunterlagen hervor, um sich anzumelden, oder rufen Sie die betreffende Person an. Tun Sie den ersten Schritt sofort: Do it now!

Damit Sie den ersten Schritt zur Umsetzung der für Sie richtigen Schritte und Anregungen aus diesem Buch setzen können, sollten Sie aus den im nächsten Kapitel beschriebenen Möglichkeiten reichlich auswählen.

Für die Wirkung all dieser Programme muss eine Bedingung erfüllt sein: regelmäßige Durchführung. Mit einem geringen Aufwand von nur einer Viertelstunde täglich erreichen Sie bereits einen spürbaren Effekt. Nach zwei bis drei Monaten regelmäßiger Übung werden Sie spüren, wie in Ihnen Kraft und Lebensfreude wachsen, so als entfalte eine wunderschöne Blume eine Blüte nach

Mit der konsequenten Umsetzung ausgewählter Übungen aus dem Inpowerlance®-Prinzip werden Sie ungeheure Ausdauer und Leistungsfähigkeit erreichen.

der anderen. Wie stark der Energiezuwachs ist, merken Sie schmerzlich, wenn Sie die Übungen vergessen, z. B. auf Reisen oder in Situationen, in denen Sie aus der alltäglichen Routine herausgerissen werden. Dann werden Sie ziemlich bald Ihre überschäumende Energie vermissen und das Bedürfnis empfinden, die täglichen Übungen wieder durchzuführen.

Es war mir sehr wichtig, dieses Buch zu schreiben, denn es enthält alles Praxiswissen, das zur Steigerung der Leistungsfähigkeit vieler Menschen in meiner Umgebung beigetragen hat. Den Leistungszwang zu durchbrechen erfordert Mut und Konsequenz und ein wenig Abenteuerlust. Dass mit weniger mehr erreicht werden kann, klingt phantastisch, wo wir doch alle auf ständige Anstrengung programmiert worden sind.

„Was leicht geht, ist nichts wert oder kann nicht funktionieren!" Diesen Glaubenssatz zu durchbrechen, ihn geradezu zu pulverisieren wird Ihnen dank der regelmäßigen Durchführung der individuell zusammengestellten Übungen aus diesem Buch auf jeden Fall gelingen. Alle Übungen und Tipps, die ich Ihnen hier vorstelle, haben anderen Menschen geholfen. Aber es sind deren Erfahrungen, die sie durch *Trial and Error* – Versuch und Irrtum – gemacht haben. Nutzen Sie dieses Wissen, um Ihre eigenen persönlichen Erfahrungen zu machen und Ihre Möglichkeiten kennen zu lernen. Begeben Sie sich in das Abenteuer, bewusst Ihre eigene Leistungsfähigkeit zu steigern, an Wohlbefinden und Freude zu gewinnen. Holen Sie sich so viel Energie, wie Sie brauchen. Energie ist in unserem Universum reichlich vorhanden. Nutzen wir sie, holen wir sie zu uns und bündeln sie!

Programme zur Steigerung der persönlichen Leistungsfähigkeit

1. Anwendung der Begleit-CD

Die dem Buch beigefügte CD besteht aus drei Teilen. Ausführlich sind auf ihr das Alpha$_2$Training® dargestellt, der Zehn-Minuten-Energieschlaf sowie der 30-minütige Energielauf. Neben Informationen zu den jeweiligen Themen erhalten Sie praktische Übungsanweisungen. Entsprechend wenden Sie die CD am besten *in praxi* an:

Sie erfahren, worauf Sie bei der Durchführung des Alpha$_2$Trainings® achten sollen. Danach begleite ich Sie bei einer ca. 14 Minuten langen Entspannungssequenz. Die eigens für das Alpha$_2$Training® komponierte Musik hilft Ihnen zusätzlich, rasch und tief Ihre Entspannung zu finden und den Augenblick des sich Sammelns zu genießen. Am besten üben Sie diese moderne Form des Entspannungstrainings täglich über mehrer Wochen hinweg, die Wirkungen werden Sie innerhalb dieser Zeit auf jeden Fall spüren. Üben Sie konsequent und ohne Erwartungen und beobachten Sie sich lediglich dabei. Manche Menschen spüren die Schwere und Wärme gleich, andere wiederum brauchen etwas länger. Haben Sie mit sich Geduld! Durchbrechen Sie auch hier den Leistungszwang und genießen Sie einfach das Loslassen. Das Alpha$_2$Training® funktioniert auf jeden Fall. Sollten Sie dennoch Fragen zur Durchführung haben, schreiben Sie mir einfach eine E-Mail (ferry.fischer@mentalcenter.at), ich helfe Ihnen gern.

Im Zusammenhang mit dem Zehn-Minuten-Schlaf hilft Ihnen die CD bei der Aufwach-Programmierung und beim raschen Übergang in einen tiefen Entspannungszustand. Sie zeigt Ihnen, wie diese wunderbare Art der vollständigen Regenerierung durchgeführt werden soll. Die CD weckt Sie übrigens auch auf, insofern ist sie das ideale Übungsmaterial für jemanden, der die Selbst-Programmierung gerade erst erlernt. Diese Aufwachtechnik kann natürlich auch für den Nachtschlaf angewandt werden. Das System ist dasselbe.

Den Text zum Energielauf hören Sie am besten mit Walkman während des Laufens. Neben praktischen Anweisungen erhalten Sie Informationen darüber, in welcher Laufphase Sie sich gerade befinden und was dabei in Ihrem Körper passiert. Die CD, die Ihnen beim Laufen Kurzweile bietet, hat schon vielen Menschen geholfen, den Weg zum aeroben Laufen zu finden, und wird auch Sie dazu motivieren. Ziehen Sie die Laufschuhe an, setzen Sie die Kopfhörer auf und laufen Sie einfach los, den Rest erfahren Sie über die CD.

Bei den auf der Begleit-CD gesprochenen Texten handelt es sich um Auszüge aus dem Audio-Coaching-Programm. Zu den hier behandelten Themen gibt es auch separate CDs, welche die Themen „Alpha$_2$Training®“ und „Energielauf“ ausführlicher darstellen und zusätzliche praktische Begleitübungen enthalten. Da es sich bei der Begleit-CD um Auszüge aus zwei verschiedenen CDs handelt, hören Sie beispielsweise am Ende des Energielaufs einen Hinweis auf Konzentrationsübungen beim Laufen. Diese Übungen finden Sie allerdings nur auf der Original-CD „Der Energielauf“. Solche Hinweise auf Übungen kommen an verschiedenen Stellen vor. Falls Sie also über die das Buch begleitende CD hinausgehende Informationen wünschen, können Sie Ihre Kenntnisse und Übungsmöglichkeiten anhand der separaten CDs vertiefen. (Zur Bestellung der ergänzenden CDs siehe Anhang, Seite 226.)

Ein Gramm Praxis wiegt hundert Tonnen Theorie auf. In diesem Sinn soll die CD Ihnen helfen, das Alpha$_2$Training®, den Zehn-Minuten-Schlaf und den Energielauf rasch und einfach zu erlernen, und Sie ständig zum Weitermachen motivieren – so lange, bis diese drei Energielieferanten in Ihrem Tagesablauf zu einer Selbstverständlichkeit geworden sind. Dann werden Sie diese CD nicht mehr brauchen, weil Sie Ihren eigenen Weg gefunden haben. (Am besten schenken Sie dann die CD jemandem, den Sie sehr schätzen und dem Sie Gutes tun wollen.)

2. Anwendung des Programms zur Leistungssteigerung

Im Folgenden habe ich Ihnen eine große Palette an Übungen zusammengestellt, mit deren Hilfe Sie gezielt Ihre Leistung steigern können. Die Übungen sind nach den Bereichen Input, Power und Balance getrennt. Sie selbst kennen sich und Ihre Defizite am besten. Wenn Sie beim Inpowerlance®-Test im Bereich „Input“ die wenigsten Punkte erhalten haben und daher Ihre Input-Situation verbessern möchten, werden Sie sich vor allem mit den Übungen aus diesem Bereich befassen und diese mit der ein oder anderen Übung aus den Kapiteln „Power“ und „Balance“ ergänzen.

Die nachfolgende Liste ist nach Tageszeiten getrennt. Sie suchen sich am besten vier, fünf Übungen aus, die Sie zu der für Sie geeigneten Tageszeit ca. eine Woche lang durchführen. Nehmen Sie sich wie aus einer Werkzeug- oder Spielkiste die Teile heraus, mit denen Sie sich immer schon einmal näher beschäftigen wollten. Gehen Sie Ihr Programm zur Leistungssteigerung mit spielerischer Freude an. Nach einer Woche tauschen Sie die Übungen aus. Auf diese Weise experimentieren Sie so lange, bis Sie wissen, welche Übungen Ihnen das meiste Vergnügen bereiten bzw. am hilfreichsten erscheinen.

Ich habe deshalb dieses Übungsprogramm einen „Supermarkt an Möglichkeiten“ genannt: Hier finden Sie wohl sortiert nach Tageszeiten – und entsprechend den privaten und dienstlichen Zeiten – das, was Sie brauchen. Sie gehen in diesen Supermarkt „einkaufen“ und bauen die Übungen in Ihren Alltag ein. Nach einer Woche gehen Sie wieder hin und wählen erneut aus dem Angebot aus, das Gleiche und/oder auch etwas anderes. Wählen Sie nicht zu einseitig, also nicht nur aus dem „Input“-Regal, und überfrachten Sie auch den Einkaufswagen nicht.

Supermarkt der Möglichkeiten zur Leistungssteigerung

A. INPUT

Gleich nach dem Aufstehen:

1. Atmen Sie tief.
2. Trinken Sie reines Wasser.
3. Heißen Sie den Tag willkommen und wünschen Sie sich selbst alles Gute zum Meistern des Tages.
4. Nehmen Sie etwas Schönes in sich auf: Musik, ein Bild, die Natur, den Anblick des Partners, zu dem Sie zärtlich sind, usw.

Beim Frühstück:

5. Lesen Sie in der Zeitung nur das, was für Sie von unmittelbarer Bedeutung ist. Streichen Sie probeweise die Zeitungslektüre beim Frühstück für eine Woche.
6. Statt Radiobeschallung wählen Sie Entspannungsmusik oder Stille.
7. Frühstücken Sie in Ruhe und nehmen Sie sich viel Zeit dafür.
8. Genießen Sie das Frühstück am besten mit dem Partner zusammen und achten Sie darauf, dass Sie beide den kommenden Tag positiv betrachten.
9. Verabreden Sie gleich jetzt etwas Konkretes für den Abend, auf das Sie sich beide freuen.

Im Tagesverlauf:

10. Überprüfen Sie, ob Sie durch die Nase ein- und ausatmen.
11. Führen Sie die Chakren-Atmung durch.
12. Öffnen Sie die Fenster, sooft es geht.
13. Anstatt zu rauchen, machen Sie eine Übung zum Lungen-Stretching.
14. Trinken Sie Wasser, Wasser, Wasser! Ein gefüllter Krug sollte immer auf dem Tisch stehen.
15. Essen Sie, wenn Sie Hunger haben, eine Kleinigkeit wie Obst oder Brot.

16. Suchen Sie den Kontakt mit einem Menschen, der Ihnen durch seine Ausstrahlung oder sein Feedback immer wieder neue Kraft gibt.
17. Gehen Sie allen Jammerern und Nörglern aus dem Weg.

Am Mittag:

18. Trinken Sie vor dem Essen reichlich und während des Essens so wenig wie möglich, damit die Magensäure nicht verdünnt wird.
19. Fragen Sie erst Ihren Körper, was er braucht, und bestellen Sie dann zu essen – aber nur den ersten Gang.
20. Legen Sie nach dem ersten Gang eine Pause von fünf Minuten ein. Dann fragen Sie Ihren Körper, was er jetzt noch braucht, und bestellen erst dann den zweiten Gang usw.
21. „Mahlen" Sie die Speisen und nehmen Sie sich Zeit dafür.
22. Achten Sie auf die Informationen, die Sie während des Essens in sich aufnehmen: Sie sollten Ihnen nicht auf den Magen schlagen.

Am Abend:

23. Sehen Sie nur dann fern, wenn Sie sich auf einen Film/Beitrag ganz besonders freuen, sonst nicht.
24. Nehmen Sie etwas Schönes in sich auf: Musik, ein Bild, die Natur, den Anblick des Partners, zu dem Sie zärtlich sind, usw.
25. Dinner-Cancelling: Trinken Sie ab 18 Uhr nur noch Wasser, und zwar so viel Sie können und mögen.
26. Lesen Sie ein Buch oder einen Artikel über eine Persönlichkeit und ihr Werk, die das erreicht hat, was Sie anstreben, oder von der Sie lernen können.
27. Treffen Sie sich in der Freizeit mit Menschen, die Ihnen Kraft und Energie geben.
28. Hören Sie Musik, die Sie an eine besonders schöne Zeit erinnert.
29. Gehen Sie in die Natur und nehmen Sie die Schönheit und Stille in sich auf.
30. Führen Sie die Chakren-Atmung durch.

In der Nacht:

31. Schlafen Sie bei geöffnetem Fenster.
32. Das Letzte, das Sie vor dem Schlafengehen in sich aufnehmen, sollte etwas Bereicherndes sein – Sie werden davon träumen.
33. Programmieren Sie sich für das Aufstehen.

B. POWER

Am Morgen:

1. Beginnen Sie noch im Bett mit den kinesiologischen Übungen.
2. Unternehmen Sie gleich nach dem Aufstehen, was Sie sich vor dem Einschlafen vorgenommen haben und worauf Sie sich freuen.
3. Machen Sie die Übungen „Gruß an die Sonne" oder „Die Fünf Tibeter".
4. Laufen Sie dem Sonnenaufgang entgegen (Übungs-CD).
5. Überlegen Sie sich, mit welchem eigenen Beitrag Sie den Tag erfolgreich gestalten können.
6. Lesen Sie Ihre Ziele durch.

Im Tagesverlauf:

7. Wenn Sie sich müde und ausgepowert fühlen, führen Sie das kinesiologische Programm durch.
8. Lachen, lachen, lachen Sie und haben Sie Spaß!
9. Lösen Sie Probleme während des Laufens.
10. Halten Sie Besprechungen zu zweit oder zu dritt während des Laufens ab.
11. Laufen Sie nach Ihrer Arbeitszeit und fahren Sie erst dann nach Hause (Übungs-CD).
12. Gestalten Sie Ihren inneren Dialog positiv, kraftvoll und voller Wertschätzung sich selbst gegenüber.
13. Gratulieren Sie sich zu Ihren Leistungen und feiern Sie sie.
14. Machen Sie sich bei jedem Projekt Gedanken über Ihren persönlichen Nutzen (Lustgewinn und Schmerzvermeidung).
15. Setzen Sie bewusst bei Projektbeginn – oder wann immer Sie ein Vorhaben belastet – den ersten Schritt.

16. Suchen Sie immer wieder den Sinn in Aufgaben und Geschehnissen.
17. Unterstützen Sie andere bei der Suche nach Sinn und persönlichem Nutzen.
18. Trauen Sie einem anderen Menschen die bestmögliche Leistung zu und vertrauen Sie ihm.
19. Freuen Sie sich mit anderen über deren Leistungen und feiern Sie diese mit ihnen.
20. Nehmen Sie das zuerst in Angriff, was Sie am meisten belastet.
21. Fixieren Sie regelmäßig schriftlich Ihre Ziele.

Am Mittag:

22. Essen Sie wenig und meiden Sie ein Völlegefühl.
23. Achten Sie auf die Qualität der Speisen und das Bedürfnis Ihres Körpers.

Am Abend:

24. Analysieren Sie den Tag, überlegen Sie Ihre Lernschritte und ziehen Sie Lehren aus Ihren Fehlern: Was hätten Sie besser machen können? Dann lassen Sie los.
25. Genießen Sie den Abend mit der Familie oder Freunden.
26. Genießen Sie Ihr Hobby.
27. Lesen Sie Berichte oder Bücher über außergewöhnliche Menschen.
28. Treiben Sie Sport.
29. Laufen Sie dem Sonnenuntergang entgegen (Übungs-CD).

C. BALANCE

Am Morgen:

1. Stehen Sie rechtzeitig auf, sodass reichlich Zeit für das morgendliche Programm bleibt.
2. Führen Sie das Alpha$_2$Training® durch (Übungs-CD).
3. Führen Sie eine Morgenmeditation durch.
4. Unternehmen Sie einen Spaziergang in der Natur.
5. Frühstücken Sie in Ruhe.
6. Planen Sie Ihren Abend.

Im Tagesverlauf:

7. Machen Sie regelmäßig Pausen, spätestens nach 1,5 Stunden.
8. Führen Sie das Alpha$_2$Training® durch, wenn Sie müde oder abgespannt sind (Übungs-CD).
9. Legen Sie einen Zehn-Minuten-Energieschlaf bei Müdigkeit, Unlust oder Energielosigkeit ein.
10. Legen Sie genügend Atempausen ein.
11. Sprechen Sie Konflikte sofort an.
12. Lassen Sie die Vergangenheit los und richten Sie Ihre Aufmerksamkeit auf Gegenwart und Zukunft.
13. Planen Sie Ihre Freizeit im Terminkalender.
14. Setzen Sie Affirmationssätze gegen Stress ein.
15. Nutzen Sie bewusst Ihren eigenen Entscheidungsraum, um Distress nicht aufkommen zu lassen.

Am Mittag:

16. Nehmen Sie sich für die Mittagspause ausreichend Zeit und meiden Sie dabei geschäftliche Themen.
17. Machen Sie einen Zehn-Minuten-Energieschlaf nach dem Essen.

Am Abend:

18. Laufen Sie, um auf Freizeit umzuschalten.
19. Machen Sie, um umzuschalten, möglichst noch im Auto, d. h. bevor Sie in Ihre Wohnung gehen, das Alpha$_2$Training® oder einen Zehn-Minuten-Energieschlaf (Übungs-CD).
20. Unternehmen Sie etwas, das einen Ausgleich zum beruflichen Alltag schafft.
21. Gehen Sie an einem Abend pro Woche ins Theater, Kino, Konzert o. Ä.
22. Wenden Sie Ihrem Familienleben Ihre ganze Aufmerksamkeit zu und genießen Sie es.
23. Erleben/Gestalten Sie etwas Außergewöhnliches mit Ihrem Partner.
24. Pflegen Sie Freundschaften.
25. Planen Sie Ihr Wochenende.
26. Meditieren Sie.
27. Schließen Sie Ihren Tag gedanklich ab, bevor Sie einschlafen.

Individueller Übungsplan

Tragen Sie wochenweise die Nummern der von Ihnen gewählten Übungen in die jeweilige Spalte ein. Benutzen Sie einen Bleistift oder Sie kopieren den Plan. Tun Sie das gleich jetzt. Haken Sie jeden Punkt ab, den Sie konsequent erfüllt haben, und feiern Sie, dass Sie auf Ihrem Weg zum höheren Energieniveau einen Schritt weitergekommen sind. Sowohl das Planen als auch das Abhaken macht viel Spaß und hilft Ihnen, konsequent zu sein.

Input	**Nr.**	**Power**	**Nr.**	**Balance**	**Nr.**
Morgen (1–4)		Morgen (1–6)		Morgen (1–6)	
Frühstück (5–9)					
Tagsüber (10–17)		Tagsüber (7–21)		Tagsüber (7–15)	
Mittag (18–22)		Mittag (22, 23)		Mittag (16, 17)	
Abend (23–30)		Abend (24–29)		Abend (18–27)	
Nacht (31–33)					

Die Steigerung der Leistungsfähigkeit durch das Inpowerlance®-Prinzip ist der erste Teil meines Supermarktes an Möglichkeiten. Am zweiten Teil arbeite ich gerade. Es wird eine neues zusätzliches Regal geben zum Thema „Mentale Kraft“. Einiges ist darin bereits eingeräumt, vieles wird noch für Sie hergerichtet. Ein paar Produkte haben Sie schon kennen gelernt, z. B. die Kraft der Gedanken oder den Ziele-Check. Im Jahr 2004 stelle ich Ihnen in Form eines weiteren Buches eine neue Abteilung in Ihrem Supermarkt zur Verfügung.

Bis dahin wünsche ich Ihnen viel Freude und Leichtigkeit auf Ihrem Weg weit jenseits des Leistungszwangs.

Anhang

Empfohlene Körperfettanteile in Prozenten

MÄNNER

Alter	Exzellent	Gut	Mittel	Schlecht
20–24	10,8	14,9	19,0	23,3
25–29	12,8	16,5	20,3	24,3
30–34	14,5	18,0	21,5	25,2
35–39	16,1	19,3	22,6	26,1
40–44	17,5	20,5	23,6	26,9
45–49	18,6	21,5	24,5	27,6
50–59	19,8	22,7	25,6	28,7
60+	20,2	23,2	26,2	29,3

FRAUEN

Alter	Exzellent	Gut	Mittel	Schlecht
20–24	18,9	22,1	25,0	29,6
25–29	18,9	22,0	25,4	29,8
30–34	19,7	22,7	26,4	30,5
35–39	21,0	24,0	27,7	31,5
40–44	22,6	25,6	29,3	32,8
45–49	24,3	27,3	30,9	34,1
50–59	26,6	29,7	33,1	36,2
60+	27,4	30,7	34,0	37,3

Body-Mass-Index (BMI)

Größe/Gewicht	50	55	60	65	70	75	80	85	90	95	100	105	110	115	120
1,55	20,8	22,9	**25,0**	**27,1**	**29,1**	***31,2***	***33,3***	***35,4***	***37,5***	***39,5***	***41,6***	***43,7***	***45,8***	***47,9***	***49,9***
1,60	19,5	21,5	23,4	**25,4**	**27,3**	**29,3**	***31,3***	***33,2***	***35,2***	***37,1***	***39,1***	***41,0***	***43,0***	***44,9***	***46,9***
1,65	18,4	20,2	22,0	23,9	**25,7**	**27,5**	**29,4**	***31,2***	***33,1***	***34,9***	***36,7***	***38,6***	***40,4***	***42,2***	***44,1***
1,70	17,3	19,0	20,8	22,5	24,2	**26,0**	**27,7**	**29,4**	***31,1***	***32,9***	***34,6***	***36,3***	***38,1***	***39,8***	***41,5***
1,75	16,3	18,0	19,6	21,2	22,9	24,5	**26,1**	**27,8**	**29,4**	***31,0***	***32,7***	***34,3***	***35,9***	***37,6***	***39,2***
1,80	15,4	17,0	18,5	20,1	21,6	23,1	24,7	**26,2**	**27,8**	**29,3**	***30,9***	***32,4***	***34,0***	***35,5***	***37,0***
1,85	14,6	16,1	17,5	19,0	20,5	21,9	23,4	24,8	**26,3**	**27,8**	**29,2**	***30,7***	***32,1***	***33,6***	***35,1***
1,90	13,9	15,2	16,6	18,0	19,4	20,8	22,2	23,5	24,9	**26,3**	**27,7**	**29,1**	***30,5***	***31,9***	***33,2***
1,95	13,1	14,5	15,8	17,1	18,4	19,7	21,0	22,4	23,7	**25,0**	**26,3**	**27,6**	**28,9**	***30,2***	***31,6***
2,00	12,5	13,8	15,0	16,3	17,5	18,8	20,0	21,3	22,5	23,8	**25,0**	**26,3**	**27,5**	**28,8**	***30,0***
2,05	11,9	13,1	14,3	15,5	16,7	17,8	19,0	20,2	21,4	22,6	**23,8**	**25,0**	**26,2**	**27,4**	**28,6**

BMI unter 23: schlank
BMI von 23 bis 25: normal
BMI von 25 bis 30: übergewichtig
BMI über 30: fettleibig

Literaturverzeichnis

Zur Lebenseinstellung:

Dr. John Diamond: Die heilende Kraft der Emotionen, VAK Verlag, ISBN 3-924077-02-9

Ferry Fischer: Im Gleichgewicht zu Spitzenleistungen, mvg-verlag, ISBN 3-478-81244-5

Dorothy Harbour: Achtung, Energie-Vampire, Integral-Verlag, ISBN 3-7787-9009-9

O. Hodosi: YOGA – Der Schrei nach Leben, Herder Verlag, ISBN 3-210-24961-X

Peter Kelder: Die Fünf Tibeter, Scherz Verlag, ISBN 3-502-25035-9

Dr. Joseph Murphy: Die Macht Ihres Unterbewusstseins, Ariston-Verlag, ISBN: 3-7205-10271

K. O. Schmidt: Seneca – Der Lebensmeister, Drei Eichen Verlag, ISBN 3-7699-0426-5

Zum Körper:

Rüdiger Dahlke: Krankheit als Symbol, C. Bertelsmann Verlag, ISBN 3-570-12265-4

R. Dahlke, B. Preiml, F. Mühlbauer: Die Säulen der Gesundheit, Irisiana Verlag, ISBN 3-7205-2116-8

Kalashatra Govinda: Atlas der Chakras, Ludwig Verlag, ISBN 3-7787-3816-X

Louise L. Hay: Gesundheit für Körper und Seele, Heyne Verlag, ISBN 3-453-03764-2

M. Lesch, G. Förder: Kinesiologie, Gräfe & Unzer Verlag, ISBN 3-7742-2078-6

Zum Laufen:

Wim Luijpers, Rudolf Nagiller: Gentle Running, NP Buchverlag, ISBN 3-85326-181-7

Dr. med. Ulrich Strunz: Forever Young, Gräfe & Unzer Verlag, ISBN 3-7742-1736-x

Dr. med. Thomas Wessinghage: Laufen, BLV; ISBN 3-405-14764-6

Zum Stress:

Dennis Radha-Rose: Die innere Balance, Wirtschaftsverlag Langen Müller Herbig, ISBN 3-7844-7397-0

Wolfgang Stehling: Ja zum Stress, Campus Verlag, ISBN 3-593-36406-9

Marc Stollreiter, Johannes Völgyfy, Thomas Jenicus: Stressmanagement, Beltz Weiterbildung, ISBN 3-407-36367-2

Zum Schlaf:

William C. Dement, Christopher Vaughan: Der Schlaf und unsere Gesundheit, Limes Verlag, ISBN 3-8090-3019-8

Vorträge auf Kassette:

Viktor Frankl: Der Mensch vor der Frage nach dem Sinn, Vier-Türme-Verlag
Viktor Frankl: Leiden am sinnlos gewordenen Leben, Vier-Türme-Verlag

Folgende Werke von Ferry Fischer sind lieferbar:

CD, MC „Das Inpowerlance®-Prinzip“: Verdoppeln Sie Ihre Leistungsfähigkeit – verblüffend in der Wirkung, praktisch leicht erlernbar! Diese CD zum gleichnamigen Power-Seminar enthält viele Infos und Übungen. Wenn Sie dieses Buch gelesen haben, dient Ihnen die Inpowerlance®-CD als Wiederholung und Ergänzung des Gelesenen. (74 Minuten Dauer)

CD, MC „Der Energielauf“: Richtiges, energietankendes Laufen, das noch dazu Spaß macht, lernt man nicht durch das Lesen von Büchern und das Besuchen von Seminaren. Diese CD begleitet Sie beim Laufen und informiert Sie darüber, was dabei in Ihrem Körper und Geist vorgeht. Inklusive der Problemlösungstechnik und Konzentrationsübungen während des Laufens! (74 Minuten Dauer)

CD „Das Alpha$_2$Training®“: Höchstleistung durch Entspannung – mit der CD erfahren Sie alles über diese Technik, ihre Wirkung und den Nutzen daraus und über den Zehn-Minuten-Energieschlaf. Sie hören daher alle Informationen dieses Buches über das Alpha$_2$Training® und noch viel mehr. (74 Minuten Dauer)

CD-Set „Das INNERStrength®-Programm“: In 21 Tagen zu Spitzenleistungen. Das Mentalprogramm von Olympiasiegern und erfolgreichen Top-Managern. Sie hören jeden Tag ein Kapitel und führen die Übungen selbstständig durch. Der Erfolg ist dann nur eine Frage von Tagen. Inklusive einem ausführlichen Booklet, in dem die Kapitel und die Übungsanweisungen noch einmal zusammengefasst sind. Dieses CD-Set ist die Basis des nächsten Buches von Ferry Fischer (4 CDs mit insgesamt 296 Minuten Spieldauer).

Alle CDs und Cassetten sind über das MentalCenter für Management und Spitzensport beziehbar.

Stichwortverzeichnis

Das Seminar zum Buch für Ihre Firma

Ein Tag gemeinsam mit Ferry Fischer Kraft tanken und die Mitte finden:

(Teilnehmerzahl zwischen 20 und 200 Mitarbeiter)

⇨ Wenn Sie „Chef" sind, also selber über die Durchführung von Seminaren entscheiden können, rufen Sie uns bitte an, oder senden Sie uns eine E-Mail-Nachricht. Wir melden uns umgehend zurück, um Sie zu beraten.

⇨ Wenn Sie kein „Chef" sind, aber glauben, dass ein Inpowerlance®-Seminar für Ihre Firma wichtig wäre, rufen Sie uns an oder senden Sie uns einfach eine E-Mail. Wir informieren Sie, wie das Seminar auch in Ihrem Unternehmen durchgeführt werden kann.

nformieren Sie sich:

MENTALCENTER
ür Management und Spitzensport

Telefon: +43 1 369 50 41
-Mail: office@mentalcenter.at

Das INPOWERLANCE®-Prinzip hat bereits in folgenden Firmen Einzug gehalten und dabei - ob Chef oder Mitarbeiter - alle begeistert:

lcatel, Asea Brown Boveri, AVL List, Bahlsen, Baumax, BMW, Bombardier, Dt. Commerzbank, Hannover International, Honda, Lafarge Perlmooser, Miba, Möbel utz, Niedermeyer, Nokia, Österr. Post, Ratiopharm, Römerquelle, Solvay Pharma, Jmdasch u. v. a.

Die Kontakt-Seite zum **Inpowerlance**®-Prinzip

Das MentalCenter für Management und Spitzensport stellt Ihnen gerne die Informationen zur Verfügung, die Sie wünschen oder brauchen!

Diese Seite können Sie kopieren oder ausschneiden und an uns faxen:
Fax-Nr.: **+43 1 368 97 68 – 31**

Oder Sie schicken uns eine Mail an: **office@mentalcenter.at**. *Vermerk Sie im Betreff lediglich das Kennwort „*IPL Nachrichten*",*
und wir mailen Ihnen dieses Anmelde-Formular automatisch zurück. Sie können sich jederzeit formlos durch eine E-Mail wieder abmelden!
(Alle Daten werden im Sinne des Datenschutzgesetzes streng vertraulich behandelt!)

Bitte kreuzen Sie bei Interesse an:

☐ Ja, informieren Sie mich laufend über die neuesten Entwicklunge des Inpowerlance®-Prinzipes.

☐ Ja, informieren Sie mich laufend über Seminare und über das Audiocoaching-Programm (Bücher, CDs) von Ferry Fischer

Vorname, Nachname:

....

Firma:

....

Strasse:

....

PLZ, Ort:

....

E-Mail: